U0878778

2018
北京区域统计年鉴

北京市统计局
国家统计局北京调查总队 编

中国统计出版社
China Statistics Press

图书在版编目（CIP）数据

北京区域统计年鉴. 2018 / 北京市统计局, 国家统计局北京调查总队编. —北京：中国统计出版社, 2018.12
ISBN 978-7-5037-8767-6

Ⅰ. ①北… Ⅱ. ①北… ②国… Ⅲ. ①统计资料－北京－2018－年鉴
Ⅳ. ①C832.1-54

中国版本图书馆CIP数据核字(2018)第288259号

北京区域统计年鉴—2018

作　　者：北京市统计局 国家统计局北京调查总队
责任编辑：李　冲
出版发行：中国统计出版社
地　　址：北京市丰台区西三环南路甲6号 邮政编码/100073
电　　话：邮购（010）63376909 书店（010）68783171
网　　址：http://www.zgtjcbs.com
印　　刷：北京力信诚印刷有限公司
经　　销：新华书店
开　　本：880mm×1230mm 1/16
字　　数：500千字
印　　张：19 彩页2.25
版　　别：2018年12月第1版
版　　次：2018年12月第1次印刷
定　　价：180.00元

本书附同版本CD-ROM一张，光盘内容以书面文字为准。
版权所有，侵权必究，未经许可，不得转载

北京市行政区划示意图

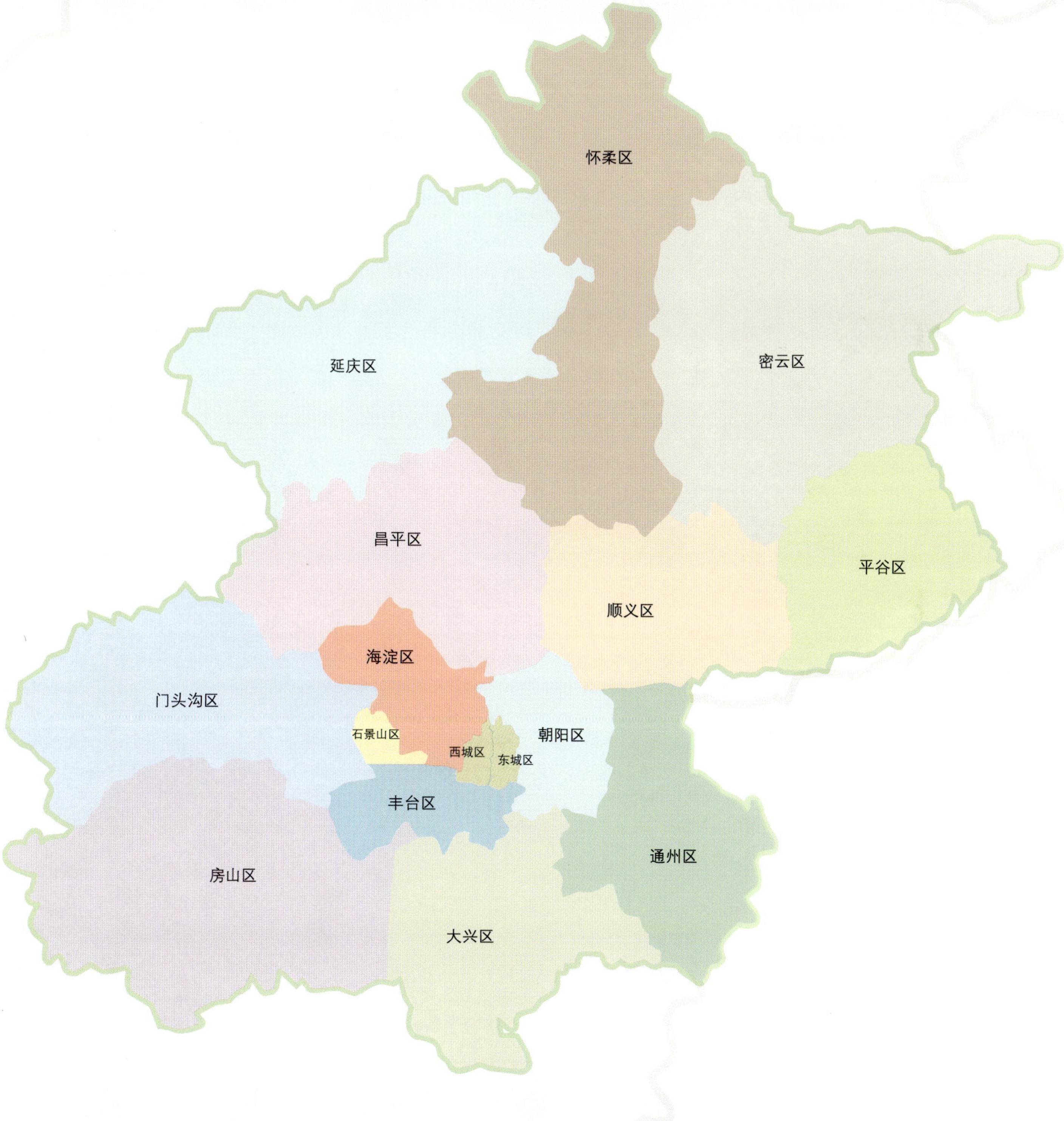
怀柔区
延庆区
密云区
昌平区
平谷区
顺义区
海淀区
门头沟区
石景山区
朝阳区
西城区
东城区
丰台区
通州区
房山区
大兴区

东城区

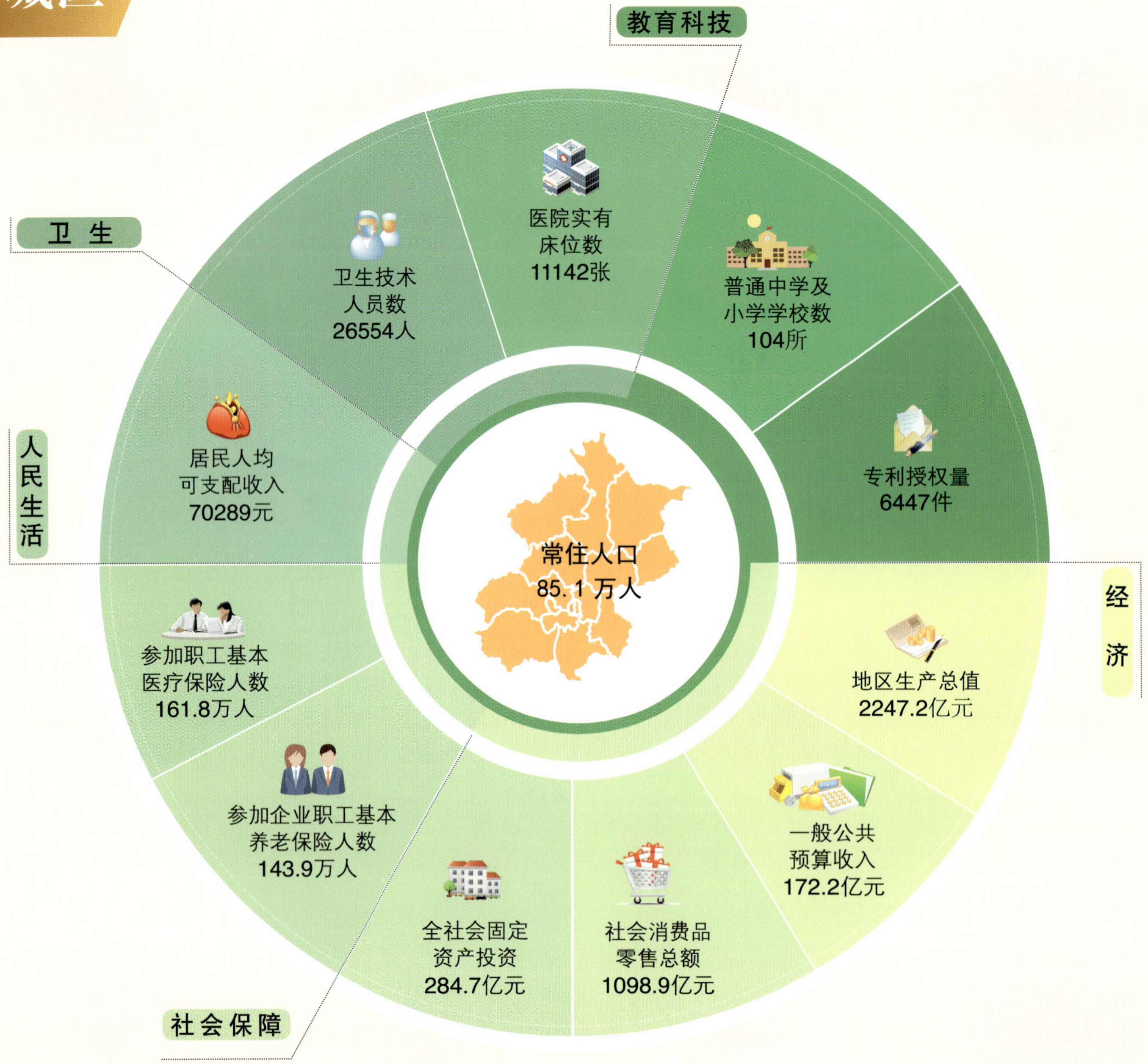

地区生产总值（单位：亿元）

一般公共预算收入（单位：亿元）

2017

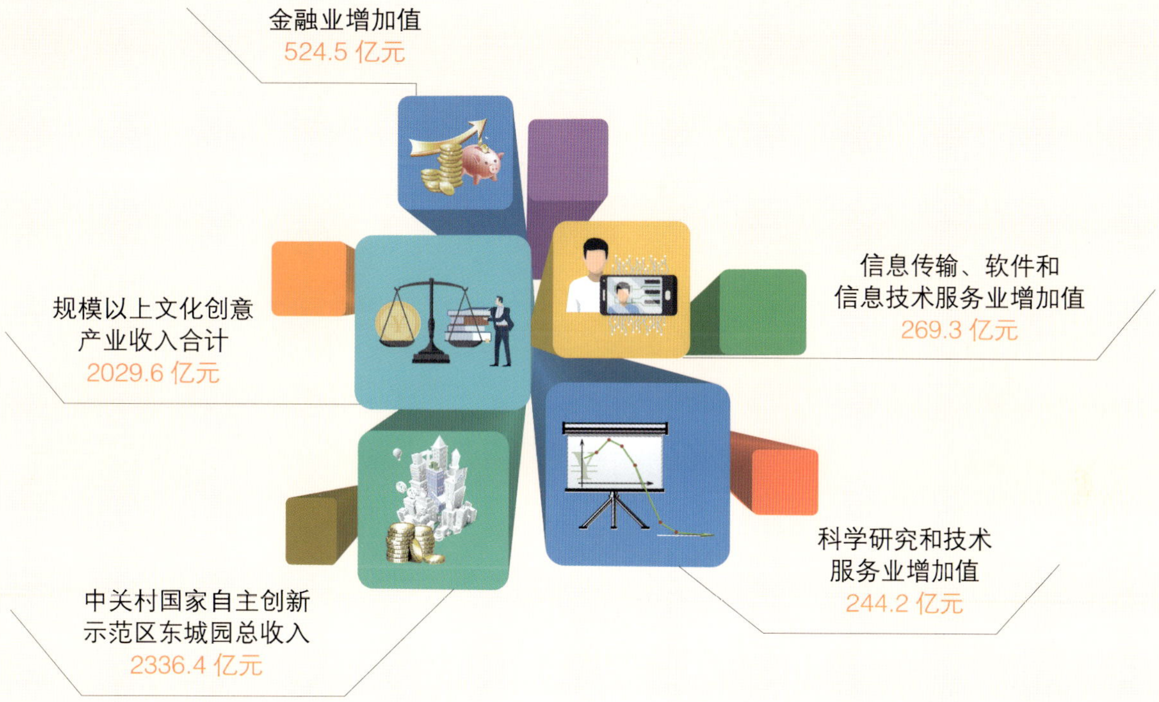

社会消费品零售总额（单位：亿元）

居民人均可支配收入（单位：元）

西城区

地区生产总值（单位：亿元）

一般公共预算收入（单位：亿元）

2017

规模以上文化创意产业收入
1145.0 亿元

现代服务业收入合计
12625.9 亿元

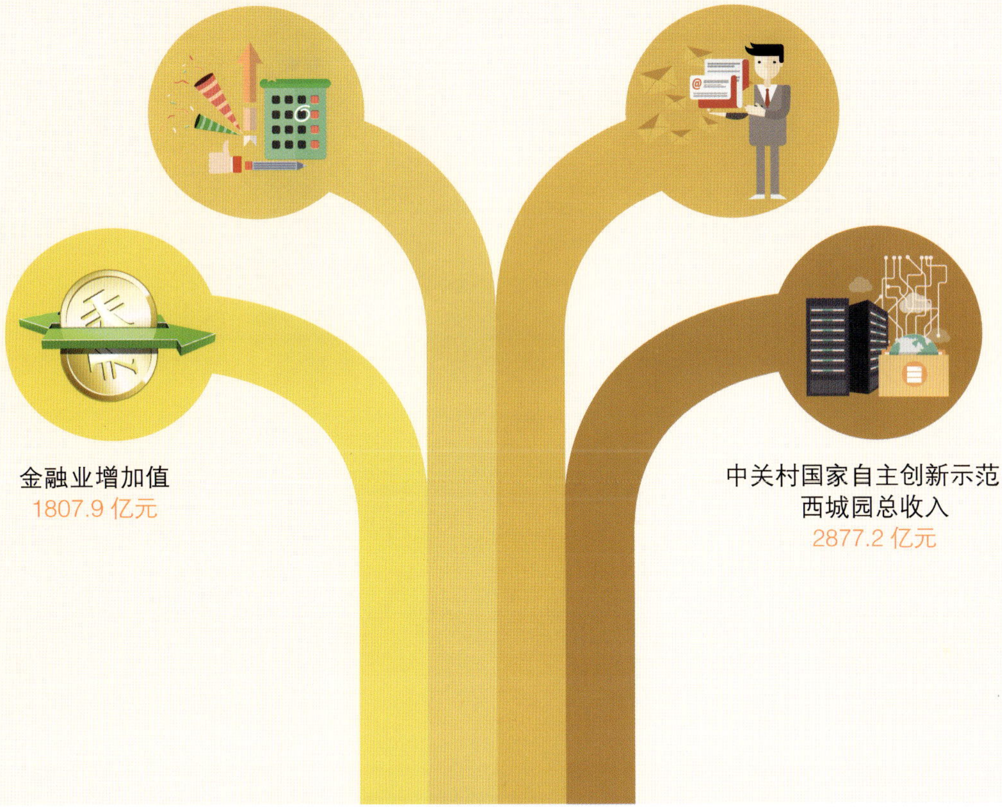

金融业增加值
1807.9 亿元

中关村国家自主创新示范区
西城园总收入
2877.2 亿元

社会消费品零售总额（单位：亿元）

2013年	2014年	2015年	2016年	2017年	比上年增长(%)
817.4	862.6	912.6	968.8	1013.9	4.7

居民人均可支配收入（单位：元）

2013年	2014年	2015年	2016年	2017年	比上年增长(%)
43479	47392	67492	71863	76511	6.5

朝阳区

地区生产总值（单位：亿元）

一般公共预算收入（单位：亿元）

金融业

收入合计	利润总额	从业人员平均人数
4293.6 亿元	2620.8 亿元	11.1 万人

商务服务业

收入合计	4729.6 亿元
利润总额	735.0 亿元
从业人员平均人数	37.1 万人

规模以上文化创意产业

收入合计	3754.4 亿元
利润总额	233.9 亿元
从业人员平均人数	29.0 万人

社会消费品零售总额（单位：亿元）

居民人均可支配收入（单位：元）

丰台区

地区生产总值（单位：亿元）

全社会固定资产投资（单位：亿元）

2017

中关村国家自主创新示范区丰台园总收入
5104.4 亿元
↑ 15.9%

科学研究和技术服务业增加值
237.0 亿元
↑ 16.1%

金融业增加值
160.7 亿元
↑ 15.8%

租赁和商务服务业增加值
133.2 亿元
↑ 12.3%

社会消费品零售总额（单位：亿元）

2013年	2014年	2015年	2016年	2017年
864.6	937.4	1007.3	1075.3	1135.2

比上年增长(%) 5.6

居民人均可支配收入（单位：元）

2013年	2014年	2015年	2016年	2017年
37886	41334	47127	51173	55871

比上年增长(%) 9.2

石景山区

地区生产总值（单位：亿元）

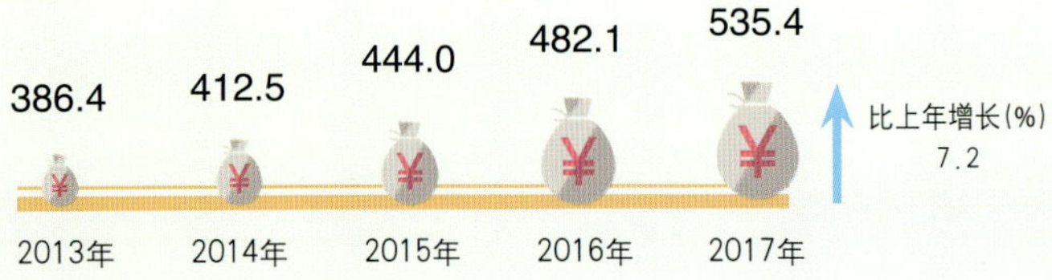

第三产业增加值（单位：亿元）

2017

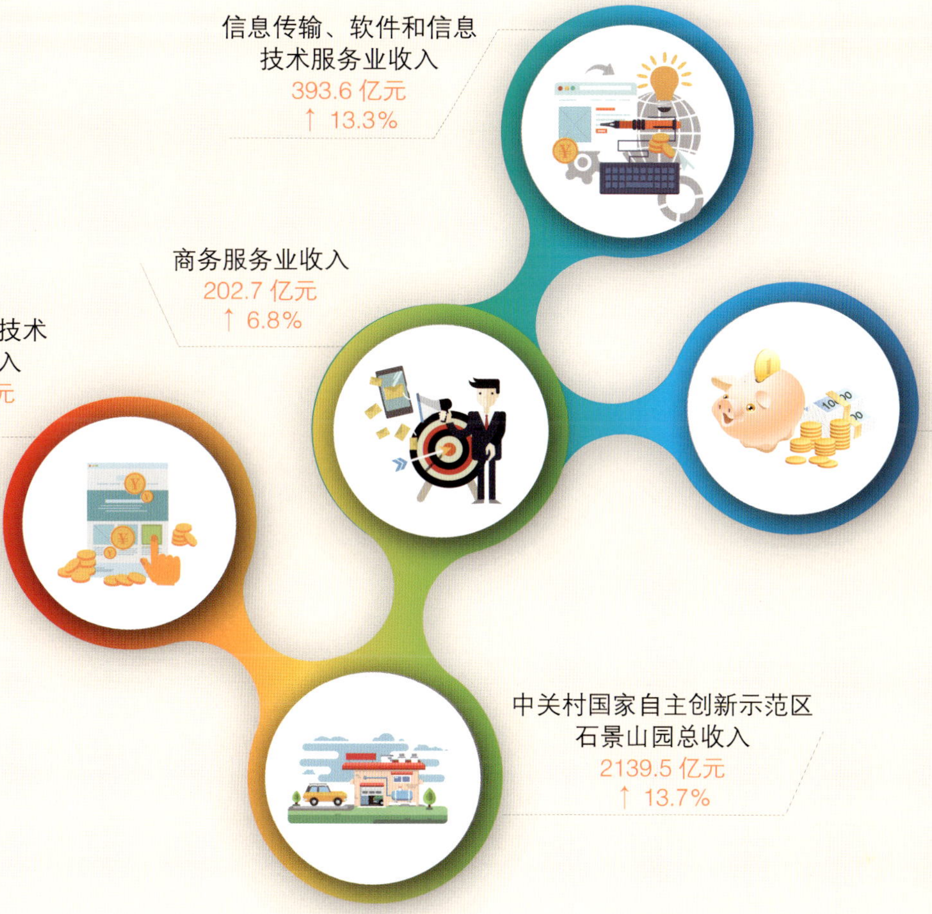

信息传输、软件和信息技术服务业收入
393.6 亿元
↑ 13.3%

商务服务业收入
202.7 亿元
↑ 6.8%

科学研究和技术服务业收入
211.5 亿元
↑ 7.1%

金融业收入
552.9 亿元
↑ 18.7%

中关村国家自主创新示范区石景山园总收入
2139.5 亿元
↑ 13.7%

规模以上文化创意产业收入（单位：亿元）

2013年	2014年	2015年	2016年	2017年	比上年增长(%)
272.0	333.5	342.6	372.3	510.6	↑37.2

居民人均可支配收入（单位：元）

2013年	2014年	2015年	2016年	2017年	比上年增长(%)
38657	41943	56304	60980	66112	↑8.4

海淀区

地区生产总值（单位：亿元）

一般公共预算收入（单位：亿元）

2017

中关村国家自主创新示范区
海淀园总收入
21610.0 亿元
↑ 17.7%

信息传输、软件和信
息技术服务业收入
6068.5 亿元
↑ 21.2%

技术合同成交总金额
1620.0 亿元
↑ 6.3%

规模以上文化创意
产业收入
7725.2 亿元
↑ 20.9%

技术合同成交总额（单位：亿元）

2013年	2014年	2015年	2016年	2017年
1248.5	1366.7	1436.8	1524.0	1620.0

比上年增长(%) 6.3

居民人均可支配收入（单位：元）

2013年	2014年	2015年	2016年	2017年
45953	50088	62325	67022	71986

比上年增长(%) 7.4

房山区

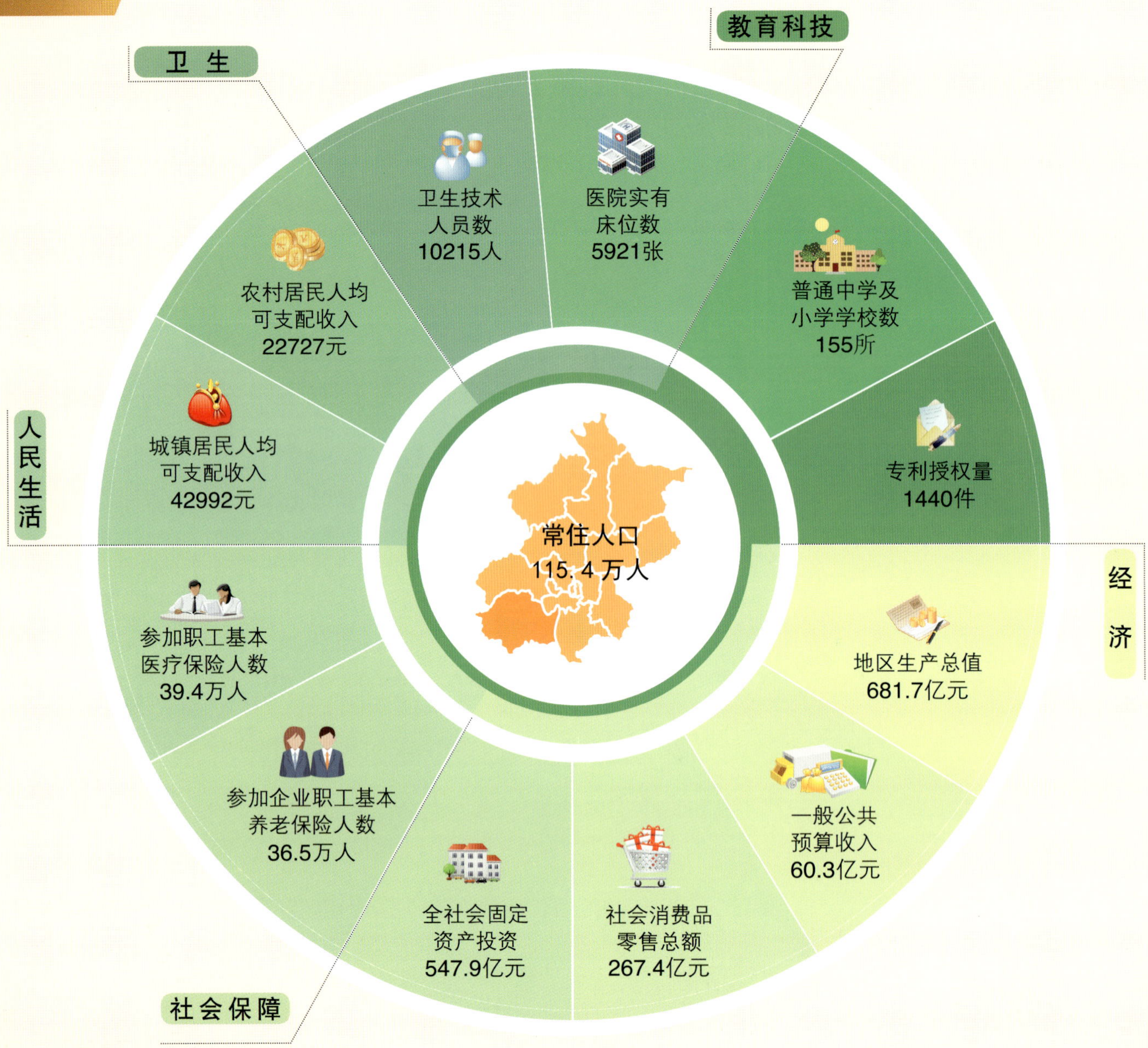

地区生产总值（单位：亿元）

一般公共预算收入（单位：亿元）

本年完成投资
118.6 亿元
落地项目个数
51 个
社会消费品零售总额
18.5 亿元

本年完成投资
12.1 亿元
落地项目个数
84 个
规模以上工业总产值
613.7 亿元

中央休闲购物区（CSD）长阳核心区

北京石化新材料科技产业基地核心区

北京高端制造业基地

中国北京农业生态谷

中国房山世界地质公园

本年完成投资
11.8 亿元
落地项目个数
25 个
新增工业企业总产值
261.5 亿元

企业个数
5 个
主营业务收入
19.8 亿元

本年完成投资
4.6 亿元
落地项目个数
19 个
景区旅游营业收入
17866.1 万元

景区旅游接待人数
361 万人次
民俗旅游收入
8203.1 万元
民俗旅游户数
2070 户

社会消费品零售总额（单位：亿元）

居民人均可支配收入（单位：元）

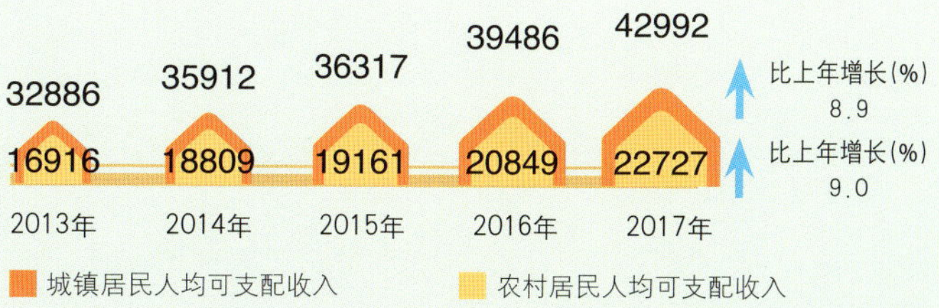

通州区

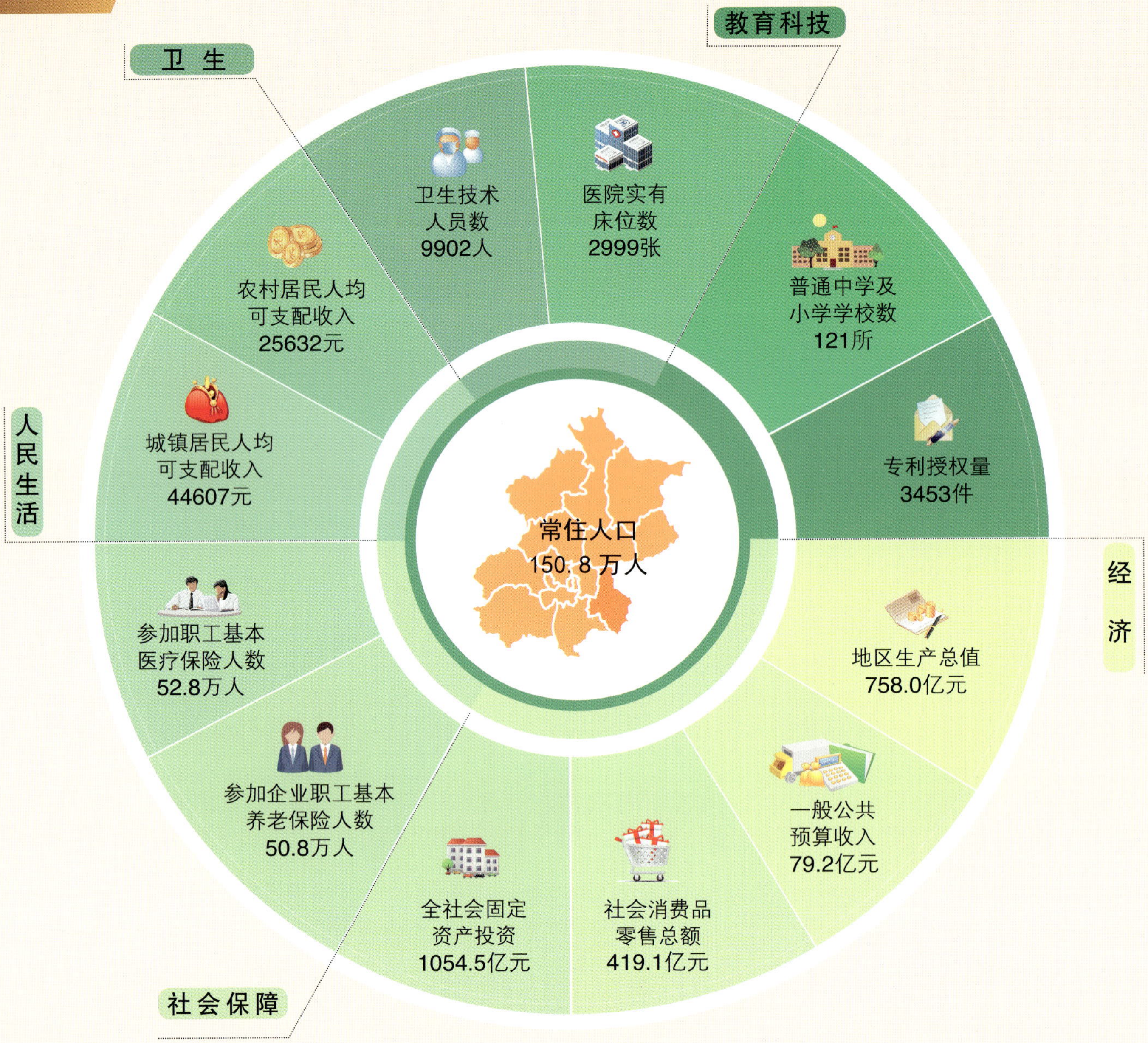

地区生产总值（单位：亿元）

一般公共预算收入（单位：亿元）

2017

全社会固定资产投资（单位：亿元）

居民人均可支配收入（单位：元）

顺义区

地区生产总值（单位：亿元）

全社会固定资产投资（单位：亿元）

2017

交通运输、仓储和邮政业

资产总计 3442.9 亿元　利润总额 178.1 亿元
营业收入 1875.7 亿元　从业人员平均人数 120061 人

航空运输业

资产总计 2916.1 亿元　利润总额 130.2 亿元
营业收入 1230.6 亿元　从业人员平均人数 65464 人

仓储业

资产总计 59.4 亿元　利润总额 1.5 亿元
营业收入 28.2 亿元　从业人员平均人数 1679 人

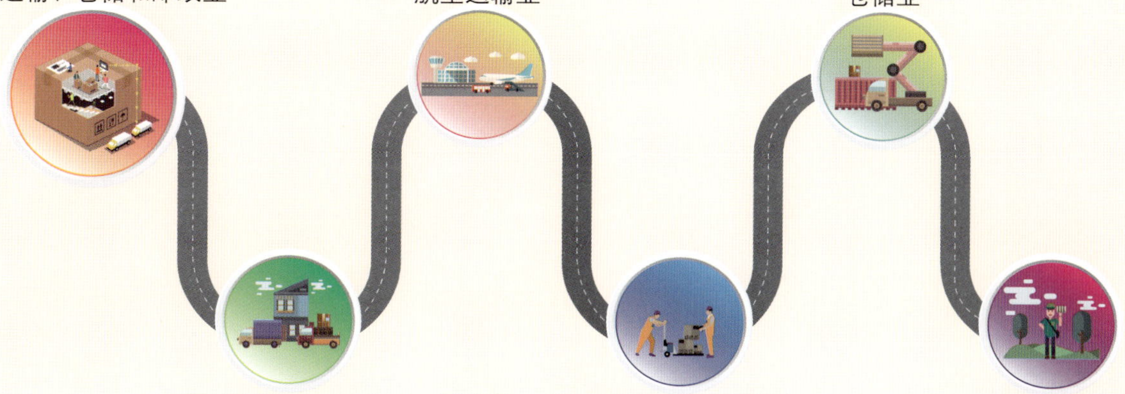

道路运输业

资产总计 131.9 亿元　利润总额 3.8 亿元
营业收入 111.7 亿元　从业人员平均人数 14890 人

装卸搬运和运输代理业

资产总计 265.3 亿元　利润总额 31.2 亿元
营业收入 385.0 亿元　从业人员平均人数 16540 人

邮政业

资产总计 70.2 亿元　利润总额 11.3 亿元
营业收入 120.3 亿元　从业人员平均人数 21488 人

社会消费品零售总额（单位：亿元）

居民人均可支配收入（单位：元）

昌平区

地区生产总值（单位：亿元）

一般公共预算收入（单位：亿元）

2017

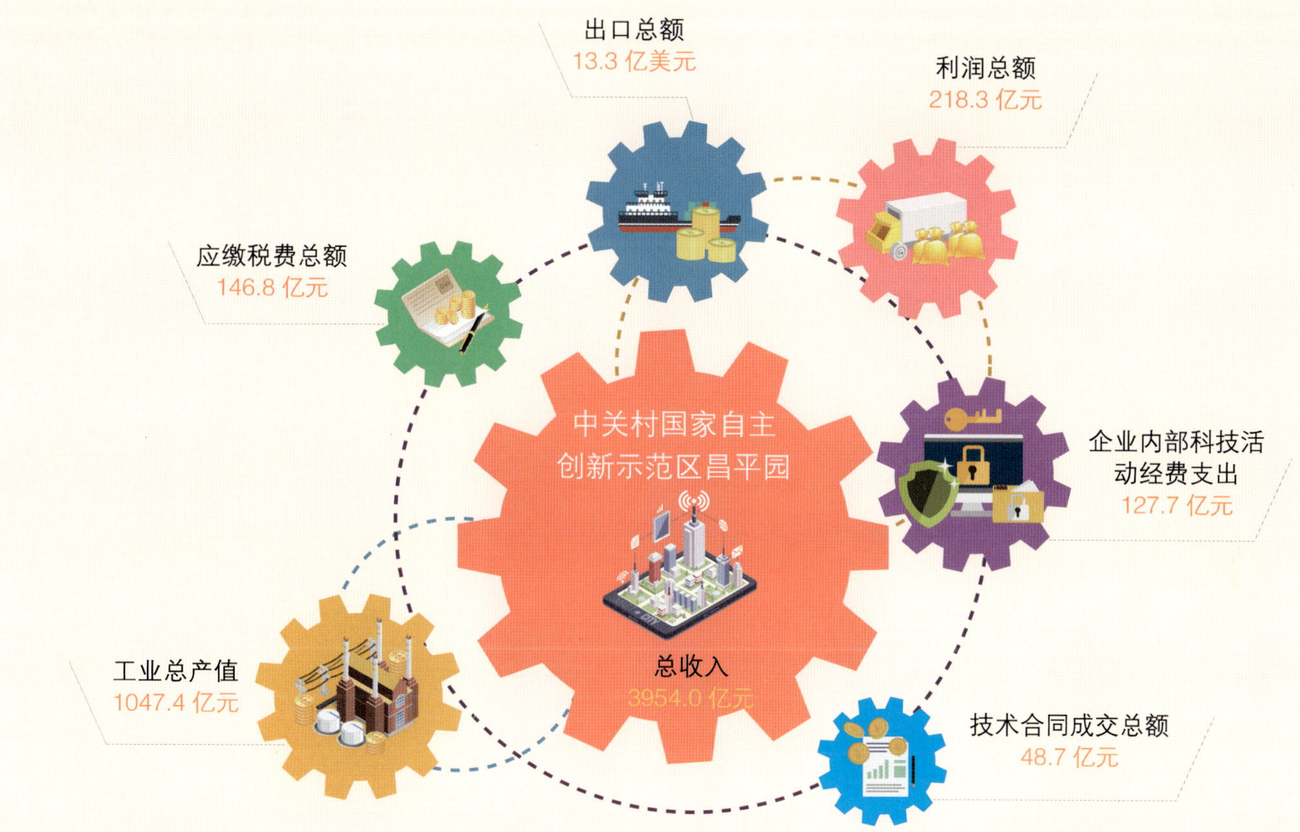

规模以上工业总产值（单位：亿元）

居民人均可支配收入（单位：元）

大兴区

地区生产总值（单位：亿元）

一般公共预算收入（单位：亿元）

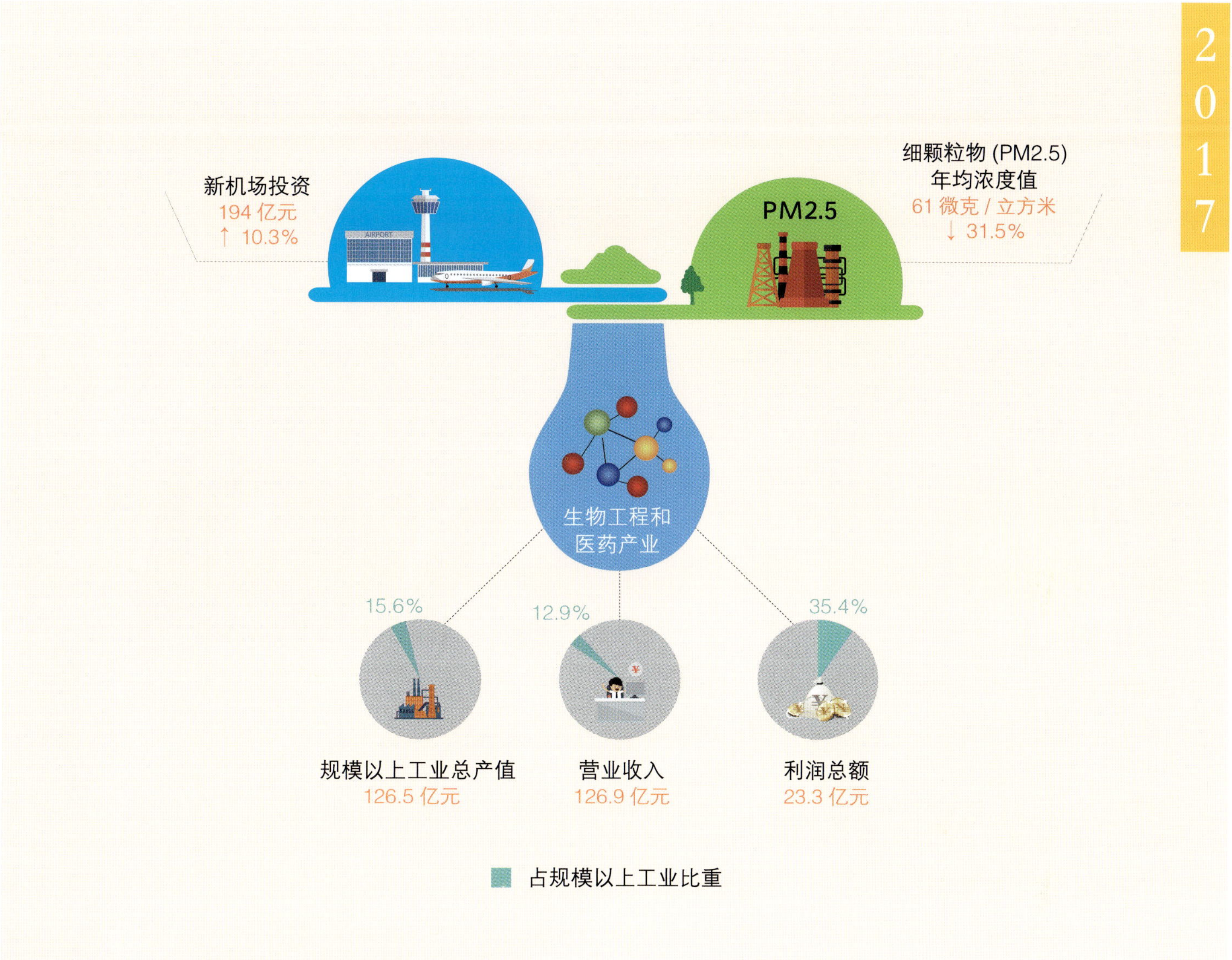

规模以上工业总产值（单位：亿元）

居民人均可支配收入（单位：元）

门头沟区

地区生产总值（单位：亿元）

一般公共预算收入（单位：亿元）

2017

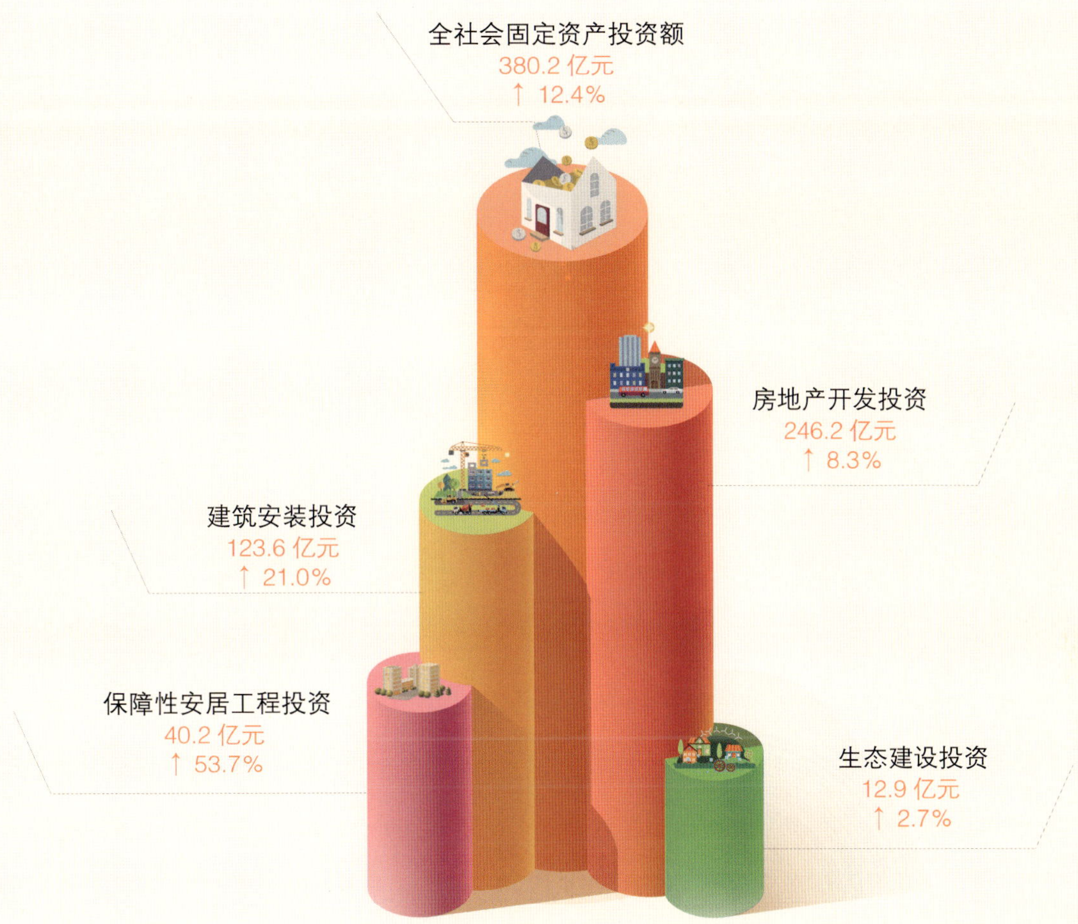

林木绿化率（单位：%）

居民人均可支配收入（单位：元）

怀柔区

地区生产总值（单位：亿元）

规模以上工业总产值（单位：亿元）

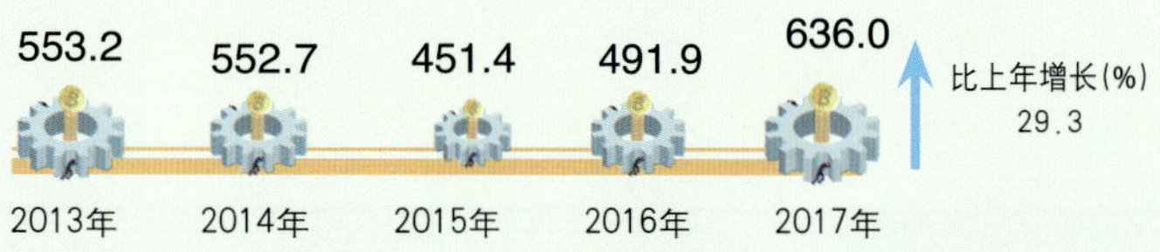

2017

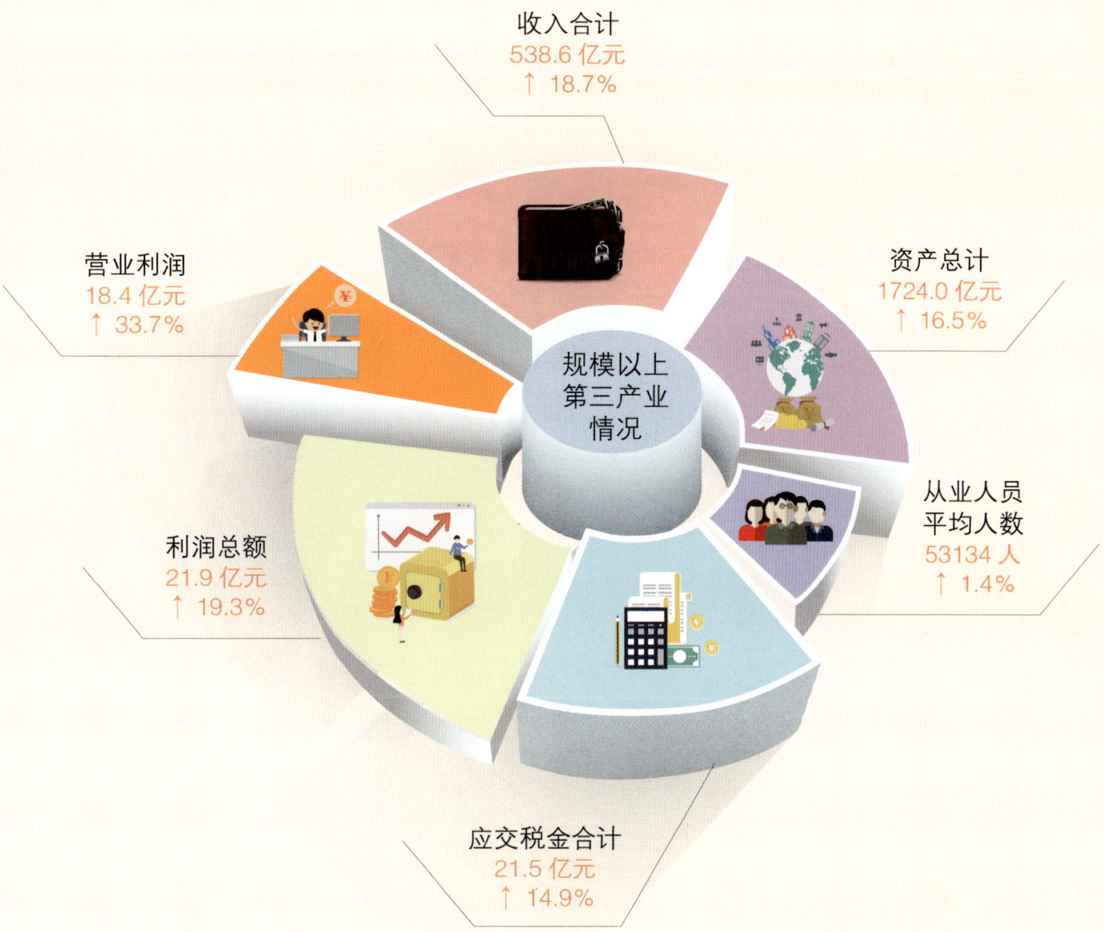

规模以上文化创意产业收入（单位：亿元）

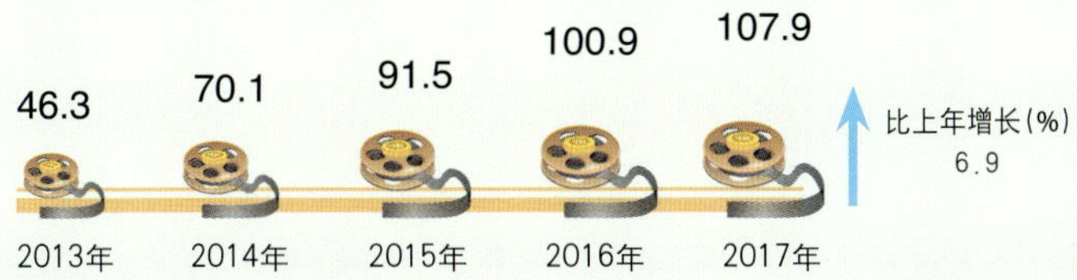

居民人均可支配收入（单位：元）

平谷区

地区生产总值（单位：亿元）

社会消费品零售总额（单位：亿元）

2017

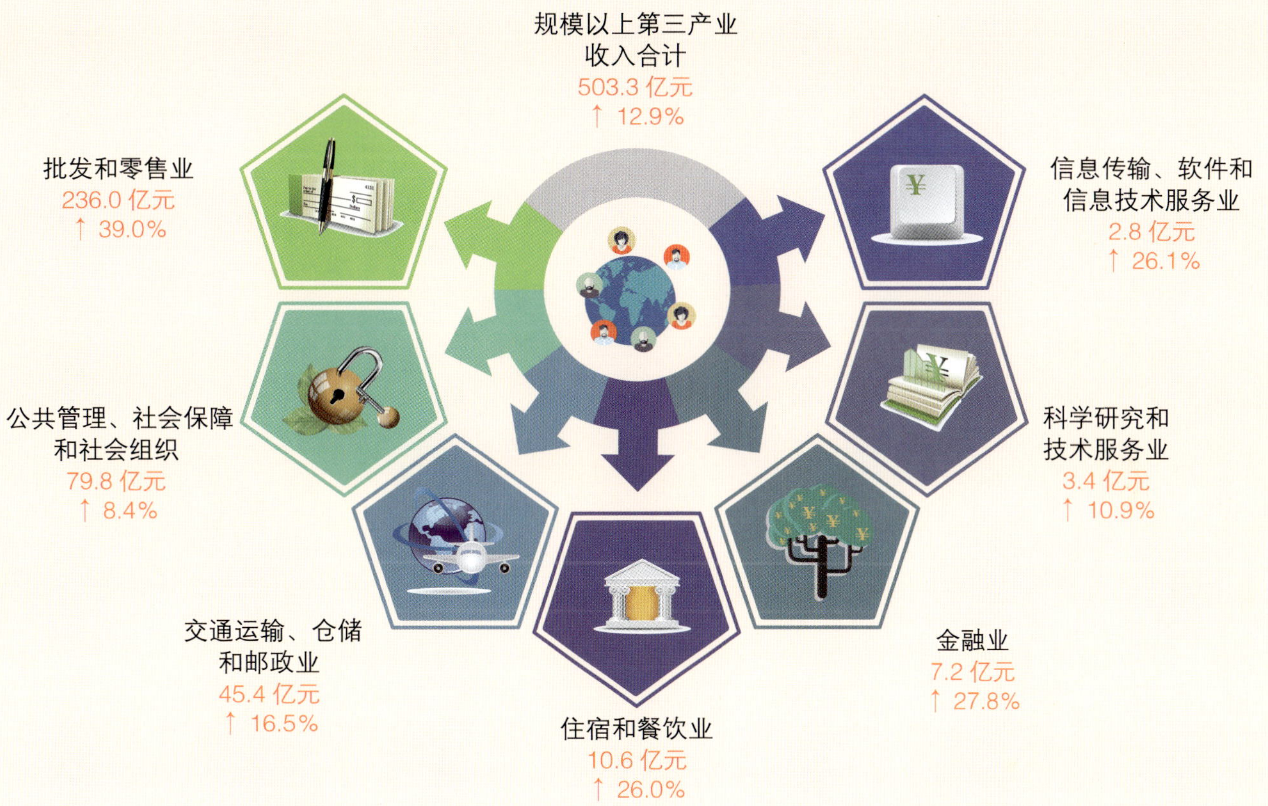

林木绿化率（单位：%）

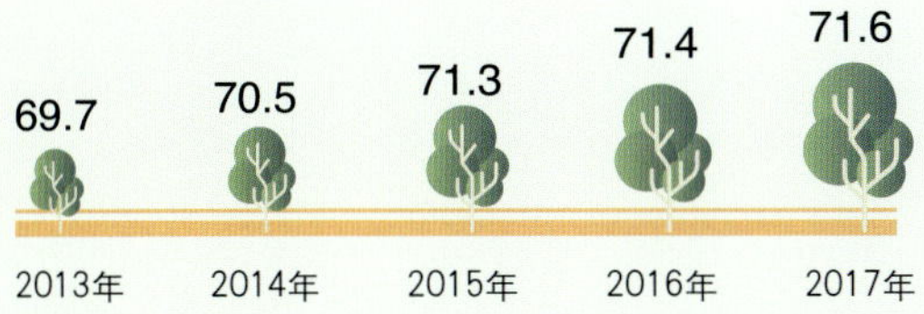

居民人均可支配收入（单位：元）

密云区

常住人口
49.0万人

卫生

卫生技术人员数
3602人

医院实有床位数
1297张

教育科技

普通中学及小学学校数
62所

专利授权量
682件

经济

地区生产总值
278.2亿元

一般公共预算收入
33.0亿元

社会消费品零售总额
139.0亿元

全社会固定资产投资
130.9亿元

社会保障

参加企业职工基本养老保险人数
20.1万人

参加职工基本医疗保险人数
22.3万人

人民生活

城镇居民人均可支配收入
40031元

农村居民人均可支配收入
22604元

地区生产总值（单位：亿元）

林木绿化率（单位：%）

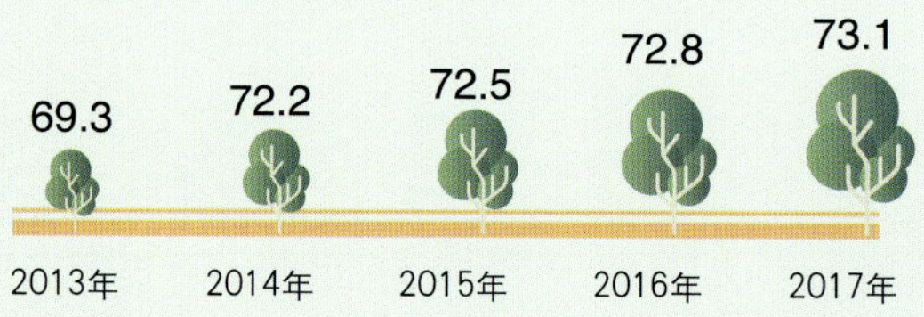

2017

森林覆盖率
64.75%
↑ 0.7 个百分点

万元地区生产总值能耗
0.44 吨
↓ 5.3%

A 级及主要景区接待游人
400.7 万人次
↑ 1.9%

细颗粒物（PM2.5）年均浓度值
50.0 立方米
↓ 18.0%

A 级及主要景区营业收入
8.7 亿元
↑ 19.4%

观光、民俗旅游收入（单位：亿元）

居民人均可支配收入（单位：元）

延庆区

地区生产总值（单位：亿元）

观光、民俗旅游收入（单位：亿元）

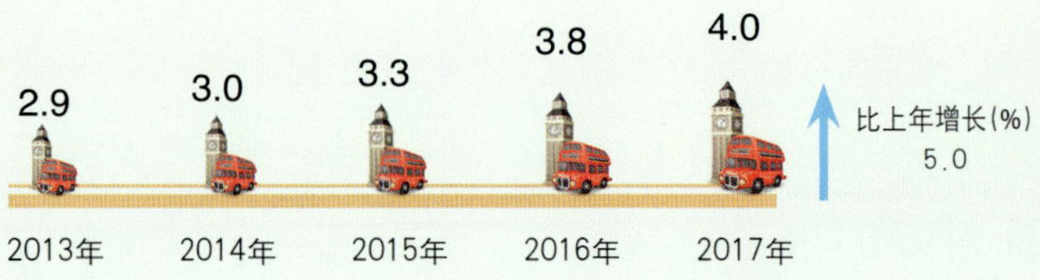

2017

林木绿化率（单位：%）

居民人均可支配收入（单位：元）

《北京区域统计年鉴2018》
编辑委员会

主　　任： 蒋力歌　徐荣华

副 主 任： （以姓氏笔画为序）

王　军　卞　晶　方晓丹　孙晓冬　李　萍　吴万标　庞江倩　郑　新
孟素洁　赵玉旺　夏庆德　夏沁芳

编辑委员： （以姓氏笔画为序）

王乐强　王守琪　王铁梅　王　滨　石平平　朱燕南　仲长远　李文清
何建红　沈向东　沈　青　张小洁　张铁军（核算处）张培农　周　冲
周锐（能源处）　赵桂林　郭翰超

编辑工作人员

总 编 辑： 庞江倩

执行编辑： 朱燕南　秦丽媛

编辑人员： （以姓氏笔画为序）

丁卓茹　于丽君　于京扬　于　震　马伦伦　孔　雷　尹海晴　王义龙
王小园　王玉涛　王　军　王宇慧　王旭芳　王　玚　王顺昌　王艳艳
王雪霜　王　璐　王　鑫　付　梦　代贵禄　任全璐　刘红红　刘俊京
刘慧娟　孙　倩　许姝明　许德刚　那　娜　何　侃　吴寅洁　张　文
张红阳　张国会　张娇娇　张铭睿　张　琳　张　楠　李贝贝　李　冉
李冬浩　李兴旺　李　娟　李晓兰　李晓敏　杜明翠　杜　鹃　杨　爽
杨朝宇　肖玉清　肖京涛　陈　倩　陈舜祥　单文静　周　娟　周晓轩
周晶晶　周　静　孟凡曼　林　月　林　茹　武睿琦　范丽华　郑冬华
郑　红　郑晓光　郑艳丽　郑　莹　郑瑞芳　侯小童　侯建华　侯　蕊
侯　晖　姜　盼　彦　严　洪丽丽　赵　明　唐　燕　袁嘉欣　贾　薇
高方圆　高　宇　高　楠　崔　霞　康　斌　黄玉翠　程　丹　程翔云
韩佳颖　韩　康　臧　克　蔡　俊　谭召辉　樊　荣　黎　晨　魏矩红
魏　爽　魏　瑶

编辑说明

《北京区域统计年鉴 2018》是一部全面、系统反映北京市各区 2017 年经济社会发展状况的年度资料，同时收录了四个直辖市、全国主要经济区域 2017 年主要经济社会发展数据。

1. 全书共包括 8 个部分，分别为：北京概览、分区历史数据、北京各区概览、开发区、高端产业功能区、直辖市、全国主要经济区域、北京与全国对比。

2. 自 2011 年开始，企业规模划分标准执行《国家统计局关于印发统计上大中小微企业划分办法的通知》（国统字[2011]75 号）；分区资料，除特殊说明外，全部为“在地”（即：法人经营地）口径；受口径和资料来源不同等因素影响，书内所列分区数据可能与区统计部门编印的统计资料不同，请读者在使用时加以注意；分区资料中若未单独列出北京经济技术开发区，则其数据包括在大兴区中；2016 年按照国家统计局统一部署，开始实施地区研发支出核算方法改革，并对全市 1996 年以来地区生产总值进行了调整，对各区 2005 年以来数据进行了调整。

3. 数据资料来源均在表下进行了注明，未注明数据来源的分区数据均由北京市统计局、国家统计局北京调查总队提供；全国及外省市统计资料摘自《中国统计年鉴》及相关省市统计年鉴，具体数据来源请参阅各章简要说明。

4. 书中使用的符号说明：“…”表示数据不足本表最小单位；“空格”表示该项指标数据不详或没有数据；“#”表示其中项目；“‖”表示不在同一分组类中的其中项。

5. 由于单位取舍不同而产生的计算误差，均未作机械调整。

6. 本书配有电子光盘，具有数据加工等功能。

目　录

第一章　北京概览

第二章　分区历史数据

第三章 北京各区概览

第四章　开发区

第五章　高端产业功能区

第六章　直辖市

第七章　全国主要经济区域

第八章　北京与全国对比

附录　指标解释

2018
北京区域统计年鉴

第一章

BEIJING AREA
STATISTICAL YEARBOOK

北京概览

简要说明

一、本章资料的主要内容

本章主要包括反映北京市经济社会发展的主要总量、速度、结构、效益指标及“十三五”时期监测指标等。

二、本章资料的数据来源

北京市社会经济主要指标及“十三五”时期主要监测指标资料由北京市统计局根据相关资料整理取得。

三、有关统计标准变化和数据调整的说明

为更好地反映我国三次产业的发展情况，满足国民经济核算、服务业统计及其他统计调查对三次产业划分的需求，根据《国民经济行业分类》（GB/T 4754—2011），国家统计局对2003年《三次产业划分规定》进行了修订。

按照国家统计局要求，自2015年起北京按照改革后新口径发布全市和分城乡的居民收支数据，增长速度为同口径增速。

2016年按照国家统计局统一部署，开始实施地区研发支出核算方法改革,并对全市1996年以来地区生产总值进行了调整。

1-1 “十三五”时期经济社会发展主要监测指标

项目		“十三五”时期监测发展目标	2017
常住人口规模	(万人)	<2300	2170.7
用水总量	(亿立方米)	<43	39.5
森林覆盖率	(%)	44.0	43.0
生活垃圾无害化处理率	(%)	>99.8%	99.9
全市污水处理率	(%)	>95%	92.4
全市居民人均可支配收入实际增长	(%)	与经济增长同步	6.9
城镇登记失业率	(%)	控制在4%以内	1.43
重点食品安全监测抽检合格率	(%)	达到98%以上	99.16
药品抽验合格率	(%)	达到99%以上	99.90
单位地区生产总值生产安全事故死亡率降低	(%)	累计降低20%	23
地区生产总值年均增速	(%)	年均增长6.5%	6.7
社会劳动生产率	(万元/人)	达到23	22.7
第三产业占地区生产总值比重	(%)	>80%	80.6
全社会研究与试验发展经费支出占地区生产总值的比例	(%)	6%左右	5.64
服务贸易总额	(亿美元)	达到2000亿美元	1434.3
万元地区生产总值能耗降低	(%)	达到国家要求	4.01
万元地区生产总值水耗降低	(%)	累计降低15%	4.65

注：表中用水总量包含输水损失量。

1-2 主要年份国民经济和社会发展总量与速度指标

项 目		总量指标				
		1990	1995	2000	2005	2010
人口与就业						
年末全市常住人口	(万人)	1086.0	1251.1	1363.6	1538.0	1961.9
#城镇人口	(万人)	798.0	946.2	1057.4	1286.1	1686.4
年末户籍人口	(万人)	1032.2	1070.3	1107.5	1180.7	1257.8
从业人员年末人数	(万人)	627.1	665.3	619.3	878.0	1031.6
城镇单位在岗职工平均工资	(元)	2653	8144	15726	34191	65683
年末实有城镇登记失业人员	(万人)	1.67	2.19	3.32	10.57	7.73
国民经济核算						
地区生产总值	(亿元)	500.8	1507.7	3212.8	7141.4	14441.6
人均地区生产总值	(元)	4635	12690	24518	47127	75573
价格指数(上年=100)						
居民消费价格指数	(%)	105.4	117.3	103.5	101.5	102.4
工业生产者出厂价格指数	(%)	107.9	107.3	102.5	101.3	102.2
人民生活						
全市居民人均可支配收入	(元)					
全市居民人均消费支出	(元)					
财 政						
一般公共预算收入	(亿元)			345.0	919.2	2353.9
一般公共预算支出	(亿元)			443.0	1058.3	2717.3
能源、资源和环境						
能源消费总量	(万吨标准煤)	2709.7	3533.3	4144.0	5049.8	6359.5
水资源总量	(亿立方米)				23.2	23.1
城市绿化覆盖率	(%)	28.0	32.7	36.5	42.0	45.0
城市公用事业						
全社会用电量	(亿千瓦时)	150.5	222.6	384.4	570.5	809.9
自来水销售总量	(亿立方米)	5.3	6.8	7.5	7.2	8.9
居民燃气用户	(万户)	176.1	219.8	291.9	462.6	634.2
公共交通客运量	(亿人次)	33.5	37.2	40.7	51.8	69.0
污水处理率	(%)	7.3	19.4	39.4	62.4	81.0

注：1.地区生产总值绝对值按现价计算，发展速度按可比价格计算；2006-2010年人均地区生产总值根据第六次人口普查数据进行修正。

2.北京地区用电量来源于北京市电力公司，2000年以前工业用电量不包含输配损失和发电企业自产自用电量。

3.从2001年开始，有关职工的指标调整为在岗职工的指标。2007年及以前城镇单位在岗职工工资包括乡及乡以上独立核算法人单位，不包括乡镇企业、私营单位和个体工商户；2008年及以后包括乡镇企业。

1-2 续表1

		速度指标(%)						
2015	2017	指　数(2017年为以下各年)						
		1990	1995	2000	2005	2010	2015	2016
2170.5	2170.7	199.9	173.5	159.2	141.1	110.6	100.0	99.9
1877.7	1876.6	235.2	198.3	177.5	145.9	111.3	99.9	99.8
1345.2	1359.2	131.7	127.0	122.7	115.1	108.1	101.0	99.7
1186.1	1246.8	198.8	187.4	201.3	142.0	120.9	105.1	102.2
113073	134994	5088.4	1657.6	858.4	394.8	205.5	119.4	110.0
9.16	9.22	542.4	419.1	277.7	87.2	119.3	100.7	100.9
23685.7	28014.9	1443.8	825.4	500.9	281.0	164.5	114.0	106.7
109603	128994	720.1	453.0	302.8	196.4	144.9	113.4	106.7
101.8	101.9							
96.9	100.7							
48458	57230						118.1	108.9
33803	37425						110.7	105.7
4723.9	5430.8							
5737.7	6824.5							
6852.6	7132.8	263.2	201.9	172.1	141.2	112.2	104.1	102.5
26.8	29.8				128.4	129.0	111.2	84.9
48.4	48.4							
952.7	1066.9	709.0	479.3	277.5	187.0	131.7	112.0	104.6
10.4	11.1	209.8	162.9	146.7	154.5	124.0	106.4	102.0
885.7	929.0	527.5	422.6	318.3	200.8	146.5	104.9	104.8
73.8	71.3	213.2	192.0	175.4	137.8	103.4	96.6	97.1
87.9	92.4							

1-2 续表2

项目		总量指标				
		1990	1995	2000	2005	2010
固定资产投资						
全社会固定资产投资	(亿元)	179.2	841.5	1297.4	2827.2	5493.5
#基础设施投资	(亿元)	31.6	156.1	351.9	610.7	1403.5
#房地产开发投资	(亿元)	22.5	352.8	522.1	1525.0	2901.1
对外经济贸易						
北京地区进出口总值	(亿美元)	236.4	370.4	494.0	1255.1	3016.6
北京地区进出口总值	(亿元)		3108.2	4090.1	10331.9	20478.2
实际利用外商直接投资额	(亿美元)	2.8	14.0	24.6	35.3	63.6
农业						
农林牧渔业总产值(现价)	(亿元)	70.2	164.4	188.6	239.3	328.0
工业						
规模以上工业总产值	(亿元)	625.9	1493.3	2842.0	6946.2	13699.8
规模以上工业企业主要经济指标						
资产总计	(亿元)	498.3	2582.6	4612.7	12829.8	22750.6
负债总额	(亿元)		1528.8	2676.4	4706.7	11548.1
主营业务收入	(亿元)	610.5	1590.4	2821.4	7279.1	14807.1
利润总额	(亿元)	48.9	85.3	127.1	413.5	1028.3
建筑业						
建筑业总产值	(亿元)	94.7	426.6	812.5	1894.0	5196.0
建筑业企业年末从业人员	(万人)	60.2	82.6	56.6	67.2	59.9
交通运输邮电业						
运输						
货物周转量	(亿吨公里)	268.8	323.1	299.6	457.7	513.7
旅客周转量	(亿人公里)	119.8	207.7	314.0	838.1	1399.5
邮电						
邮电业务总量	(亿元)	11.9	56.1	214.7	413.0	1108.9
固定电话用户	(万户)	33.3	150.5	451.2	943.5	885.6
移动电话用户	(万户)	0.3	16.9	347.2	1459.8	2129.8
批发和零售业、住宿和餐饮业						
社会消费品零售总额	(亿元)	345.1	950.4	1658.7	2911.7	6340.3
旅游业						
接待入境旅游者人数	(万人次)	100.0	207.0	282.1	362.9	490.1
旅游外汇收入	(亿美元)	6.6	21.8	27.7	36.2	50.4

注：1.从2011年起，根据国家统计局相关规定，固定资产投资起点由50万元调整至500万元。

2.工业总产值按现价计算。

3.邮电业务总量2000年及以前按1990年不变价格计算，2001-2010年按2000年不变价格计算，2011-2016年按2010年不变价格计算，2017年邮政业务量按2010不变价计算、电信业务量按2015年不变价格计算。

4.社会消费品零售总额2010年数据根据第三次全国经济普查数据进行了修订。

1-2 续表3

		速度指标(%)						
		指 数(2017年为以下各年)						
2015	2017	1990	1995	2000	2005	2010	2015	2016
7990.9	8948.1							5.7
2174.5	2984.2							24.4
4226.3	3745.9							-7.4
3194.2	3237.2	1369.1	874.1	655.3	257.9	107.3	101.3	114.6
19827.7	21923.9		705.4	536.0	212.2	107.1	110.6	117.5
130.0	243.3	8784.5	1734.4	989.8	689.9	382.3	187.2	186.7
368.2	308.3	439.2	187.5	163.5	128.8	94.0	83.7	91.2
17449.6	18901.1	3019.8	1265.7	665.1	272.1	138.0	108.3	104.5
38609.8	45985.8	9229.0	1780.6	996.9	358.4	202.1	119.1	106.7
18102.4	20671.0		1352.1	772.3	439.2	179.0	114.2	104.4
18864.9	20722.0	3394.5	1303.0	734.5	284.7	139.9	109.8	104.9
1597.7	2023.7	4135.3	2372.6	1592.3	489.4	196.8	126.7	125.8
8436.7	9736.7	10281.6	2282.4	1198.4	514.1	187.4	115.4	110.1
59.0	60.8	101.0	73.6	107.4	90.5	101.5	103.0	102.7
623.7	700.1	260.4	216.7	233.6	152.9	136.3	112.2	104.3
1747.7	2055.8	1716.1	989.8	654.7	245.3	146.9	117.6	108.8
991.2	958.5							
784.7	649.0	1949.3	431.2	143.8	68.8	73.3	82.7	93.5
4051.6	3752.1	1250700.0	22201.8	1080.7	257.0	176.2	92.6	97.0
10338.0	11575.4	3354.2	1218.0	697.9	397.5	182.6	112.0	105.2
420.0	392.6	392.6	189.7	139.2	108.2	80.1	93.5	94.2
46.1	51.3	780.9	235.2	185.4	141.7	101.7	111.4	101.2

1–2 续表4

项目		总量指标				
		1990	1995	2000	2005	2010
金融业						
金融机构(含外资)本外币存款余额	(亿元)			11526.0	28969.9	66584.6
金融机构(含外资)本外币贷款余额	(亿元)			6407.9	15335.5	36479.6
原保险保费收入	(亿元)			93.4	498.2	966.5
证券市场交易额	(亿元)		1619.0	14457.0	9322.5	87575.4
科 技						
研究与试验发展经费内部支出	(亿元)			155.7	379.5	821.8
技术合同成交总额	(亿元)	20.3	41.2	140.3	434.4	1579.5
专利授权量	(件)	2268	4025	5905	10100	33511
教 育						
在校学生数	(万人)		238.0	229.9	226.4	330.0
专任教师数	(万人)		17.7	16.7	17.5	20.7
卫生及社会服务						
卫 生						
卫生机构个数	(个)	4953	4955	6176	4818	6539
卫生机构病床数	(万张)	5.9	6.7	7.1	7.9	9.3
卫生技术人员数	(万人)	11.2	11.6	11.6	12.0	17.1
#执业(助理)医师	(万人)	5.1	5.4	5.2	5.1	6.6
注册护师(士)	(万人)	3.5	3.7	4.0	4.3	6.7
婚 姻						
登记结婚对数	(万对)	9.3	8.6	8.0	9.7	13.8
离婚对数	(万对)	1.5	2.0	2.7	3.4	4.4
文 化						
公共图书馆总藏数	(万册、万件)	2205	2629	3020	3626	4613
博物馆及其他文物保护机构	(个)		51	53	73	79
电影放映场次	(万场次)	20.7	9.2	12.2	22.6	74.3
图书出版种数	(万种)	2.7	3.9	5.8	10.8	15.5
社会保障						
参加企业职工基本养老保险人数	(万人)		261.1	391.6	520.0	982.5
参加职工基本医疗保险人数	(万人)				574.8	1063.7

注：1.离婚对数包括在民政部门登记的对数和经法院调离和判离的对数。

2.2010年及以前，本表中卫生机构数据都不包含村卫生室及驻京部队医院情况。2011年开始，包含村卫生室情况。2012年开始，卫生机构数、卫生技术人员数据中包含驻京部队医院，床位数不包含。

3.“博物馆及其他文物保护机构”数据为北京市文物局系统内数据。

4.按照国家知识产权局相关要求，2017年对专利相关数据的统计范围进行调整。

1-2 续表5

2015	2017	速度指标(%) 指 数(2017年为以下各年) 1990	1995	2000	2005	2010	2015	2016
128573.0	144086.0			1250.1	497.4	216.4	112.1	104.1
58559.4	69556.2			1085.5	453.6	190.7	118.8	109.1
1403.9	1973.2			2112.6	396.1	204.2	140.5	107.3
597169.7	446308.3		27566.3	3087.1	4787.4	509.6	74.7	105.8
1384.0	1579.7			1014.5	416.2	192.2	114.1	106.4
3452.6	4485.3	22095.2	10886.7	3197.0	1032.5	284.0	129.9	113.8
94031	106948	4715.5	2657.1	1811.1	1058.9	319.1	113.7	104.5
373.4	386.1		162.2	167.9	170.6	117.0	103.4	103.4
22.6	23.6		133.8	141.5	135.4	114.4	104.6	102.2
10425	10986	221.8	221.7	177.9	228.0	168.0	105.4	103.3
11.2	12.1	204.2	180.1	169.2	152.5	129.8	108.1	103.1
25.7	27.7	248.1	238.8	239.8	231.1	161.9	108.0	104.6
9.6	10.6	207.6	195.4	205.0	208.9	160.3	109.6	104.8
11.4	12.3	356.3	335.4	308.7	287.1	183.0	107.8	104.6
16.6	15.1	162.9	177.1	188.8	156.2	109.7	91.2	91.1
8.2	8.1	547.2	400.3	303.2	235.7	183.5	98.2	76.3
5943	6528	296.0	248.3	216.2	180.0	141.5	109.8	104.8
77	78		152.9	147.2	106.8	98.7	101.3	98.7
198.1	273.9	1323.1	2977.1	2245.0	1211.9	368.6	138.3	119.9
20.6								
1424.2	1514.3		580.0	386.7	291.2	154.1	106.3	103.8
1475.7	1569.2				273.0	147.5	106.3	103.4

1-3 主要年份国民经济和社会发展结构指标

单位：%

项　　目	1990	1995	2000	2005	2010	2015	2017
人口与就业							
常住人口							
按性别分							
男	50.2	50.1	52.1	50.6	51.6	51.3	51.0
女	49.8	49.9	47.9	49.4	48.4	48.7	49.0
按城乡分							
城　镇	73.5	75.6	77.5	83.6	86.0	86.5	86.5
乡　村	26.5	24.4	22.5	16.4	14.0	13.5	13.5
就　业							
从业人员年末人数							
第一产业	14.5	10.6	11.8	7.1	6.0	4.2	3.9
第二产业	44.9	40.7	33.6	26.3	19.6	17.0	15.5
第三产业	40.6	48.7	54.6	66.6	74.4	78.8	80.6
国民经济核算							
地区生产总值							
第一产业	8.7	4.8	2.5	1.2	0.9	0.6	0.4
第二产业	52.3	42.7	32.4	28.6	23.5	19.7	19.0
第三产业	39.0	52.5	65.1	70.1	75.7	79.7	80.6
人民生活							
城镇居民消费结构							
#食品烟酒	54.2	48.5	36.3	31.8	32.1	22.1	19.8
衣　着	14.8	15.1	8.9	8.9	10.4	7.2	6.0
医疗保健	1.4	2.9	6.9	9.8	6.7	6.5	7.7
交通和通信	1.5	4.7	7.1	14.7	17.2	13.3	13.4
教育文化娱乐服务	11.5	10.2	15.1	16.5	14.6	11.0	10.7
农村居民消费结构							
#食品烟酒	50.7	49.6	36.7	32.8	30.9	27.7	24.7
衣　着	9.5	10.9	7.6	7.8	7.7	6.3	5.4
医疗保健	3.8	4.8	8.0	9.0	8.9	8.5	9.0
交通和通信	1.7	4.1	6.3	11.0	13.1	13.5	14.5
教育文化娱乐服务	6.6	10.6	14.4	15.1	9.7	7.2	7.0
财　政							
一般公共预算收入							
#增值税			13.3	10.6	8.9	15.2	30.8
个人所得税			16.3	9.2	9.1	10.1	11.8
企业所得税			16.8	17.9	21.8	21.7	22.6

注：1.自2012年开始，从业人员年末人数和能源消费总量三次产业分组口径根据国家统计局规定进行了调整。
2.自2013年开始，地区生产总值三次产业分组口径根据国家统计局规定调整,并对2012年以前三次产业数据进行相应调整。

1-3 续表1

单位：%

项　　目	1990	1995	2000	2005	2010	2015	2017
能源消费总量							
第一产业	3.9	3.4	2.5	1.7	1.5	1.2	1.0
第二产业	63.5	65.9	58.5	46.8	37.2	27.8	25.9
第三产业	19.0	17.9	26.1	35.1	41.7	48.3	49.3
生活消费	13.6	12.8	12.9	16.4	19.5	22.7	23.8
环　境							
林木绿化率	28.3	36.3	42.0	50.5	53.0	59.0	61.0
投　资							
全社会固定资产投资							
#基础设施投资	17.6	18.6	27.1	21.6	25.5	27.2	33.4
#房地产开发投资	71.2	41.9	40.2	53.9	52.8	52.9	41.9
资金来源结构							
中央预算资金	25.3	7.7	7.4	2.8	1.2	1.7	1.1
国内贷款	16.7	13.4	26.0	23.2	26.6	22.2	24.0
利用外资	11.2	20.5	3.6	1.6	0.5	0.1	0.2
债券、自筹和其他资金	46.8	58.4	63.0	72.4	71.6	76.0	74.8
对外经济贸易							
海关出口商品结构							
#一般贸易		70.6	65.9	54.5	45.0	54.8	59.7
加工贸易		21.3	29.6	39.6	42.1	28.0	12.2
海关进口商品结构							
#一般贸易		84.4	87.3	85.2	88.7	85.7	86.5
加工贸易		5.2	3.5	8.2	5.9	7.7	6.6
农　业							
农林牧渔业产值结构							
农　业	55.6	52.8	46.7	38.0	47.0	42.0	42.1
林　业	1.3	1.7	2.8	5.2	5.1	15.6	19.1
牧　业	39.8	41.8	46.4	50.5	42.6	36.9	32.9
渔　业	3.3	3.7	4.1	3.6	3.5	3.2	3.1
农林牧渔服务业				2.7	1.8	2.3	2.8
工　业							
规模以上工业总产值结构							
#医药制造业	1.8	1.5	2.1	1.9	2.7	4.2	5.2
汽车制造业	7.8	11.6	3.9	11.8	15.9	22.3	23.8
计算机、通信和其他电子设备制造业	6.0	10.4	32.9	25.6	16.3	12.1	11.6
电力、热力的生产和供应业	2.6	2.8	2.9	8.6	15.5	23.4	23.8
建筑业							
建筑业总产值结构							
房屋建筑业						52.6	51.2
土木工程建筑业						30.8	33.5
建筑安装业						8.2	7.5
建筑装饰和其他建筑业						8.4	7.8
交通运输业							
货运量结构(按运输方式分)							
铁　路	11.4	9.2	8.5	6.1	6.6	4.3	2.9
公　路	87.5	90.4	91.2	92.4	85.1	82.0	81.1
民　航	0.04	0.05	0.11	0.24	0.55	0.68	0.73
管　道	1.0	0.3	0.2	1.2	7.7	13.0	15.2

1–3 续表2

单位：%

项目	1990	1995	2000	2005	2010	2015	2017
客运量结构(按运输方式分)							
铁路	50.4	45.1	24.2	9.5	6.3	18.3	20.6
公路	46.7	47.7	70.7	85.3	89.7	71.4	66.7
民航	2.9	7.2	5.1	5.2	4.0	10.3	12.8
消费							
社会消费品零售总额结构							
吃类商品	39.6	42.7	28.4	25.8	21.4	19.0	21.5
穿类商品	13.2	14.6	12.0	9.7	8.8	7.2	6.7
用类商品	44.8	40.8	56.2	56.5	62.4	69.2	67.3
烧类商品	2.4	1.9	3.4	8.1	7.5	4.6	4.5
入境旅游							
接待海外旅游人数结构							
外国人	63.7	80.5	84.4	85.9	86.0	85.1	84.6
港澳台同胞	34.6	17.6	15.6	14.1	14.0	14.9	15.4
科技							
研究与试验发展(R&D)							
人员折合全时当量结构							
基础研究				12.9	15.2	16.8	17.6
应用研究				29.8	27.1	25.1	26.1
试验发展				57.3	57.7	58.1	56.3
研究与试验发展(R&D)							
经费内部支出结构							
基础研究				10.1	11.6	13.8	14.7
应用研究				27.8	26.4	23.0	22.9
试验发展				53.1	62.0	63.2	62.4
教育							
在校学生结构							
#普通本专科		7.7	12.3	23.7	17.5	15.9	15.0
中等教育		35.1	42.3	37.9	22.1	15.7	13.5
小学教育		42.3	32.3	21.8	19.8	22.8	22.7
专任教师结构							
#高等教育	24.6	22.7	22.2	32.7	35.9	30.3	29.3
中等教育	38.3	38.6	40.5	33.6	29.1	32.0	31.4
小学教育	36.7	37.9	36.8	25.3	23.9	22.1	22.8
卫生							
卫生技术人员结构							
#执业(助理)医师	45.6	46.7	44.6	42.2	38.5	37.6	38.2
注册护士	31.0	31.7	34.5	35.8	39.3	44.6	44.5

1-4 国民经济和社会发展比例和效益指标

项　　目		2017	2016
人口与就业			
出生率(常住人口)	(‰)	9.06	9.32
死亡率(常住人口)	(‰)	5.30	5.20
自然增长率(常住人口)	(‰)	3.76	4.12
少儿抚养比(常住人口)	(%)	13.27	13.02
老年抚养比(常住人口)	(%)	13.92	13.41
城镇登记失业率	(%)	1.43	1.41
国民经济核算			
人均地区生产总值	(元)	128994	118198
社会劳动生产率	(元/人)	227131	213356
第一产业	(元/人)	24472	25984
第二产业	(元/人)	276136	251114
第三产业	(元/人)	227647	215372
人民生活			
城镇与农村居民人均可支配收入比例			
(以农村居民收入为1)		2.57	2.57
能源消费			
能源消费弹性系数		0.36	0.23
电力消费弹性系数		0.68	1.07
万元地区生产总值能耗(可比价)	(吨标准煤)	0.264	0.275
万元地区生产总值水耗(现价)	(立方米)	14.10	15.59
固定资产投资			
全社会固定资产投资相当于地区生产总值比例	(%)	31.94	32.96
对外经济贸易			
进出口总值与地区生产总值之比(按人民币计算)	(%)	78.26	72.66

1-4 续表

项目		2017	2016
工 业			
资产负债率	(%)	44.95	45.94
流动资产周转率	(次)	1.20	1.21
成本费用利润率	(%)	10.38	8.45
全员劳动生产率	(元/人)	402480	358907
建筑业			
产值竣工率	(%)	42.0	48.9
面积竣工率	(%)	15.1	17.5
邮电通信业			
移动电话普及率	(户/百人)	172.9	178.0
固定电话主线普及率	(线/百人)	29.9	32.0
科 技			
研究与试验发展经费内部支出			
相当于地区生产总值比例	(%)	5.64	5.78
教 育			
平均每一专任教师负担学生数			
#普通中学	(人)	7.7	7.9
小学学校	(人)	13.6	14.0
文 化			
每万人拥有公共图书馆	(个)	0.01	0.01
每万人拥有博物馆	(个)	0.08	0.08
卫 生			
平均每千人口医院床位数（常住人口）	(张)	5.23	5.06
平均每千人口拥有执业(助理)医师数（常住人口）	(人)	4.87	4.64

1-5 北京一日

项　　目		2017	2016
每日创造			
地区生产总值	(万元)	767531.5	701341.5
第一产业	(万元)	3298.6	3546.4
第二产业	(万元)	145939.7	135092.9
第三产业	(万元)	618295.9	562702.2
一般公共预算收入	(万元)	148788.7	138832.2
一般公共预算支出	(万元)	186973.4	175048.3
发电量	(万千瓦时)	10625.1	11848.9
汽车生产量	(辆)	6165	7115
移动电话机生产量	(台)	205016	189178
显示器生产量	(台)	9885	13756
公共电汽车客运量	(万人次)	919.4	1008.2
轨道交通客运量	(万人次)	1035.1	1002.6
铁路客运量	(万人次)	38.0	36.6
公路客运量	(万人次)	123.1	131.3
民航客运量	(万人次)	23.6	21.5
接待入境旅游人数	(万人次)	1.08	1.14
旅游外汇收入	(万美元)	1405.8	1385.0
国内旅游收入	(万元)	140339.7	127950.8
地区出口总值	(万元)	108561.6	93722.5
地区进口总值	(万元)	492093.2	415870.4
每日生活			
社会消费品零售总额	(万元)	317134.2	300685.8
吃类商品	(万元)	68200.0	62751.4
穿类商品	(万元)	21205.5	21352.5
用类商品	(万元)	213446.6	202844.3
烧类商品	(万元)	14282.2	13737.7
常住出生人口	(人)	539	553
常住死亡人口	(人)	315	309
登记结婚对数	(对)	415	454
离婚对数	(对)	221	289
全市居民人均可支配收入	(元)	156.8	143.5
全市居民人均消费支出	(元)	102.5	96.8
法人单位从业人员平均工资	(元)	315.5	287.3
电影放映场次	(场次)	7504	6243
自来水销售总量	(万立方米)	303.0	296.1
居民家庭用天然气	(万立方米)	447.1	348.0
城乡居民生活用电量	(万千瓦时)	5973.9	5339.7
生活垃圾清运量	(万吨)	2.53	2.38
污水处理能力	(万立方米)	665.6	612.0
特快专递业务量	(万件)	623.2	535.6

注：离婚对数包括在民政部门登记的对数和经法院调离和判离的对数。

2018
北京区域统计年鉴

第二章

BEIJING AREA
STATISTICAL YEARBOOK

分区历史数据

简要说明

一、本章资料的主要内容

本章主要包括户籍人口、常住人口、地区生产总值、一般公共预算收支、全社会固定资产投资、社会消费品零售总额、农林牧渔业总产值、规模以上工业总产值、建筑业总产值、外商投资、入境旅游、城乡居民收支、在校学生和幼儿数、卫生、社会保险等指标的分区2005年以来主要年份历史数据。

二、本章资料的数据来源

户籍人口数据来自北京市公安局；财政收支情况来自北京市财政局；外商投资情况来自北京市商务局；在校学生和幼儿数来自北京市教育委员会；卫生情况来自北京市卫生健康委员会；城乡居民收支数据来自国家统计局北京调查总队；社会保险情况来自北京市人力资源和社会保障局；其他数据来自北京市统计局。

三、有关统计标准变化和调整的说明

从2011年起，根据国家统计局相关规定，固定资产投资统计起点由50万元调整至500万元。

2005年开始，社会消费品零售总额数据按法人在地原则核算，2009年开始按产业在地原则核算。

规模以上工业总产值2005年为全部国有及年主营业务收入在500万元及以上非国有工业口径；2007年调整为年主营业务收入500万元及以上的全部工业法人企业；2011年及以后调整为年主营业务收入2000万元及以上的全部工业法人企业。

2012年开始，北京市卫生机构数中包含驻京部队医院，分区数据中不包含驻京部队医院，所以各区数据相加不等于全市合计。

按照国家统计局要求，自2015年起北京按照改革后新口径发布全市和分城乡的居民收支数据。

2016年按照国家统计局统一部署，开始实施地区研发支出核算方法改革，将研发支出未计入地区生产总值部分进行补充核算。

四、本章中关于历史数据调整的问题

按照国家统一规定，2005-2008年地区生产总值数据，根据“北京市第二次全国经济普查”和“北京市第二次全国农业普查”的数据结果进行了修正。按照国家统计局统一部署，2016年对全市1996年以来地区生产总值进行了调整，对各区2005年以来的数据进行了调整。

社会消费品零售总额2005-2007年数据根据第二次全国经济普查数据进行了修订，2008年数据为第二次全国经济普查数据，2009-2012年数据根据第三次全国经济普查数据进行了修订，2013年数据为第三次全国经济普查数据。

农林牧渔业总产值2005年数据根据第二次全国农业普查进行了修订。

2-1 主要年份常住人口

单位：万人

各　区	2005	2010	2012	2013	2014	2015	2016	2017
全　市	**1538.0**	**1961.9**	**2069.3**	**2114.8**	**2151.6**	**2170.5**	**2172.9**	**2170.7**
东城区	86.0	91.9	90.8	90.9	91.1	90.5	87.8	85.1
西城区	119.2	124.3	128.7	130.3	130.2	129.8	125.9	122.0
朝阳区	280.2	354.5	374.5	384.1	392.2	395.5	385.6	373.9
丰台区	156.8	211.2	221.4	226.1	230.0	232.4	225.5	218.6
石景山区	52.4	61.6	63.9	64.4	65.0	65.2	63.4	61.2
海淀区	258.6	328.1	348.4	357.6	367.8	369.4	359.3	348.0
门头沟区	27.7	29.0	29.8	30.3	30.6	30.8	31.1	32.2
房山区	87.0	94.5	98.6	101.0	103.6	104.6	109.6	115.4
通州区	86.7	118.4	129.1	132.6	135.6	137.8	142.8	150.8
顺义区	71.1	87.7	95.3	98.3	100.4	102.0	107.5	112.8
昌平区	78.2	166.1	183.0	188.9	190.8	196.3	201.0	206.3
大兴区	88.6	136.5	147.0	150.7	154.5	156.2	169.4	176.1
怀柔区	32.2	37.3	37.7	38.2	38.1	38.4	39.3	40.5
平谷区	41.4	41.6	42.0	42.2	42.3	42.3	43.7	44.8
密云区	43.9	46.8	47.4	47.6	47.8	47.9	48.3	49.0
延庆区	28.0	31.7	31.7	31.6	31.6	31.4	32.7	34.0

注：1.2005年、2015年数据为1%人口抽样调查推算数据；2010年为第六次人口普查数据；其他年份为人口抽样调查推算数据（下表同）。

2.2010年全市常住人口是根据2010年人口普查结果推算的年末数，分区数据为2010年人口普查数据，普查标准时点为2010年11月1日零时(另：普查时点全市常住人口为1961.2万人)。

2-2 主要年份常住外来人口

单位：万人

各　区	2005	2010	2012	2013	2014	2015	2016	2017
全　市	**357.3**	**704.7**	**773.8**	**802.7**	**818.7**	**822.6**	**807.5**	**794.3**
东 城 区	15.3	22.0	21.2	21.0	21.2	20.7	19.2	17.8
西 城 区	21.1	32.7	33.3	34.4	32.8	31.0	29.2	27.9
朝 阳 区	84.0	151.5	169.5	176.1	179.8	184.0	174.8	168.8
丰 台 区	36.6	81.3	83.7	85.0	85.1	83.8	79.9	75.4
石景山区	14.9	20.7	21.4	21.4	21.2	21.0	19.0	17.8
海 淀 区	73.7	125.6	138.4	143.5	150.3	148.6	139.3	127.6
门头沟区	4.1	4.7	4.9	5.0	4.9	4.8	5.0	5.0
房 山 区	11.9	19.5	22.8	24.6	26.7	27.4	28.0	30.3
通 州 区	19.7	43.5	50.7	53.6	55.5	55.9	57.0	60.3
顺 义 区	15.6	27.9	34.5	37.3	38.9	40.2	43.0	46.4
昌 平 区	21.9	84.7	95.7	100.6	100.2	102.6	103.8	105.5
大 兴 区	25.3	64.4	71.4	73.5	75.6	76.1	82.1	83.2
怀 柔 区	5.3	10.3	10.3	10.6	10.4	10.5	10.6	10.7
平 谷 区	2.4	4.9	5.2	5.3	5.3	5.3	5.5	5.7
密 云 区	3.5	6.9	7.1	7.2	7.2	7.1	7.2	7.6
延 庆 区	2.0	3.9	3.7	3.6	3.6	3.6	3.9	4.3

注：2010年全市常住外来人口是根据2010年人口普查结果推算的年末数，分区的数据为2010年人口普查数据，普查标准时点为2010年11月1日零时(另：普查时点全市常住外来人口为704.5万人)。

2-3 主要年份户籍人口

单位：万人

各 区	2005	2010	2012	2013	2014	2015	2016	2017
全 市	**1180.7**	**1257.8**	**1297.5**	**1316.3**	**1333.4**	**1345.2**	**1362.9**	**1359.2**
东城区	97.0	95.6	96.8	97.4	98.0	97.4	97.4	96.7
西城区	128.7	134.5	138.5	140.8	142.9	145.2	146.5	145.0
朝阳区	171.1	188.6	197.4	201.2	204.2	207.4	210.9	209.8
丰台区	97.4	106.3	109.7	111.4	112.8	113.7	115.3	113.9
石景山区	35.0	36.2	37.1	37.6	38.0	38.3	38.7	38.2
海淀区	191.8	219.6	230.7	235.3	238.5	239.5	240.2	235.4
门头沟区	23.8	24.6	24.8	24.9	24.9	24.9	25.1	24.9
房山区	75.4	76.8	78.0	78.6	79.4	79.9	81.3	81.9
通州区	62.9	66.3	68.3	69.3	70.5	71.8	74.7	76.9
顺义区	55.9	58.2	59.4	60.1	60.9	61.5	62.7	63.5
昌平区	48.2	53.3	56.1	57.3	58.5	59.5	61.1	61.9
大兴区	56.6	59.9	62.2	63.6	65.1	66.3	68.4	69.9
怀柔区	27.3	27.7	27.8	27.9	28.1	28.2	28.3	28.4
平谷区	39.5	39.5	39.8	39.9	40.1	40.1	40.2	40.4
密云区	42.5	42.8	43.0	43.1	43.3	43.3	43.6	43.7
延庆区	27.6	27.9	28.0	28.1	28.2	28.2	28.4	28.5

资料来源：北京市公安局。

2-4 主要年份地区生产总值

单位：亿元

各 区	2005	2010	2012	2013	2014	2015	2016	2017
全 市	**7141.4**	**14441.6**	**18350.1**	**20330.1**	**21944.1**	**23685.7**	**25669.1**	**28014.9**
东城区	656.1	1243.2	1494.1	1655.2	1766.0	1913.7	2061.8	2247.2
西城区	1079.5	2086.4	2649.7	2893.0	3097.8	3340.6	3602.4	3920.7
朝阳区	1357.0	2892.1	3801.1	4208.1	4495.4	4823.9	5171.0	5635.5
丰台区	386.5	747.8	948.4	1034.5	1115.3	1203.4	1297.0	1427.5
石景山区	211.7	302.5	349.2	386.4	412.5	444.0	482.1	535.4
海淀区	1443.6	2934.0	3761.1	4224.3	4574.7	4922.9	5395.2	5942.8
门头沟区	46.7	87.6	119.3	126.4	135.0	146.9	157.9	174.4
房山区	210.8	374.4	454.5	487.3	524.6	565.7	606.6	681.7
通州区	146.6	352.1	461.3	516.2	560.9	614.5	674.8	758.0
顺义区	261.8	878.4	1121.7	1260.0	1358.4	1469.4	1591.6	1715.9
昌平区	201.1	416.1	530.7	593.6	643.3	696.1	753.4	839.7
大兴区	157.5	319.2	404.1	450.4	490.9	530.8	583.2	644.6
怀柔区	84.5	150.6	185.9	207.5	222.7	240.6	259.4	285.8
平谷区	57.7	118.9	155.1	170.9	185.4	201.4	218.3	233.6
密云区	79.5	142.7	181.0	199.6	213.9	232.5	251.1	278.2
延庆区	40.5	68.3	85.1	93.9	101.3	111.2	122.7	136.2
北京经济技术开发区	259.6	726.3	860.8	948.2	1031.9	1116.8	1213.8	1366.5

注：1.表内数据按现价计算。

2.地区生产总值各区合计数不等于全市是由于各区中扣除了划归市一级核算的部分。

2–5 主要年份一般公共预算收入

单位：亿元

各　区	2005	2010	2012	2013	2014	2015	2016	2017
全　市	**919.20**	**2353.93**	**3314.93**	**3661.11**	**4027.16**	**4723.86**	**5081.26**	**5430.79**
东 城 区	49.15	102.79	134.84	147.13	155.95	164.56	166.34	172.17
西 城 区	71.08	213.63	309.11	341.95	372.76	451.41	413.81	422.12
朝 阳 区	84.49	231.34	345.19	376.47	411.83	447.98	477.13	508.17
丰 台 区	17.80	45.64	68.58	76.93	86.14	94.49	104.59	113.11
石景山区	10.26	18.85	25.07	30.61	37.97	45.09	52.07	56.44
海 淀 区	70.80	188.28	263.06	291.45	316.16	357.50	386.11	416.92
门头沟区	6.89	10.68	19.07	20.72	22.03	26.07	27.79	29.63
房 山 区	12.79	28.16	40.03	45.08	45.60	50.15	53.70	60.25
通 州 区	11.45	31.65	45.95	52.91	60.86	70.80	76.51	79.23
顺 义 区	16.45	58.44	86.24	98.03	110.62	124.76	137.86	148.88
昌 平 区	13.20	35.59	52.21	60.08	66.28	73.05	78.28	84.34
大 兴 区	10.93	30.14	45.51	52.39	61.52	71.25	77.72	84.71
怀 柔 区	7.43	18.24	23.46	26.70	30.34	33.38	35.65	37.98
平 谷 区	5.47	13.65	21.01	23.97	26.55	27.93	27.95	29.63
密 云 区	7.43	15.58	22.18	25.42	27.79	29.50	31.17	33.04
延 庆 区	2.77	7.10	8.94	10.02	11.02	13.50	13.61	16.16

资料来源：北京市财政局。

2-6 主要年份一般公共预算支出

单位：亿元

各　区	2005	2010	2012	2013	2014	2015	2016	2017
全　市	**1058.30**	**2717.32**	**3685.31**	**4173.66**	**4524.67**	**5737.70**	**6406.77**	**6824.53**
东城区	54.50	115.59	154.70	168.96	195.37	237.16	237.54	243.83
西城区	68.23	230.81	258.99	286.65	318.46	474.91	426.09	430.77
朝阳区	59.62	168.00	275.10	316.77	380.79	443.65	453.03	513.38
丰台区	32.40	84.56	142.36	150.63	152.92	207.93	194.11	227.41
石景山区	16.90	42.85	51.82	61.25	68.83	91.33	97.97	98.65
海淀区	81.10	216.09	305.58	388.35	393.62	496.71	577.40	619.07
门头沟区	19.57	45.75	60.10	76.10	68.89	93.31	87.52	95.21
房山区	31.28	80.23	114.11	144.81	154.12	183.57	224.20	217.71
通州区	25.22	74.22	99.34	125.46	131.84	198.31	338.44	320.65
顺义区	31.17	95.22	130.35	146.69	167.84	225.11	239.09	243.10
昌平区	25.68	73.59	95.36	123.25	138.44	185.74	160.29	184.70
大兴区	26.64	72.23	101.36	135.25	159.66	291.80	239.45	229.02
怀柔区	22.34	63.08	75.55	96.47	97.89	106.98	107.44	135.10
平谷区	20.61	52.33	70.88	82.36	83.25	107.25	121.23	131.17
密云区	23.93	61.73	76.90	89.62	95.59	110.21	113.51	150.92
延庆区	16.96	43.65	59.72	79.04	74.10	83.83	92.47	121.59

资料来源：北京市财政局。

2-7 主要年份全社会固定资产投资

单位：亿元

各　区	2005	2010	2012	2013	2014	2015	2016	2017
全　市	**2827.2**	**5493.5**	**6462.8**	**7032.2**	**7562.3**	**7990.9**	**8461.7**	**8948.1**
东 城 区	242.2	180.7	182.5	195.1	214.7	235.2	264.6	284.7
西 城 区	280.2	181.7	198.4	213.0	241.2	246.0	252.7	296.8
朝 阳 区	729.5	1230.7	1195.5	1216.7	1235.4	1238.7	1257.9	1356.1
丰 台 区	232.2	504.6	660.1	752.0	812.3	862.3	960.9	983.5
石景山区	76.5	154.5	144.8	162.9	184.1	201.3	225.6	271.0
海 淀 区	428.3	567.0	688.9	775.1	841.7	870.5	872.5	1005.7
门头沟区	22.8	94.8	190.7	230.1	267.8	292.1	338.3	380.2
房 山 区	127.0	403.8	490.1	493.7	505.8	532.3	536.9	547.9
通 州 区	112.3	364.7	506.1	590.8	687.7	800.8	939.9	1054.5
顺 义 区	133.8	413.7	418.6	429.7	432.3	465.2	485.0	516.2
昌 平 区	120.5	374.4	490.1	551.9	614.5	581.1	594.5	546.3
大 兴 区	87.1	422.7	480.5	506.2	556.7	811.3	827.3	818.7
怀 柔 区	54.9	103.6	138.3	156.0	167.1	130.9	121.1	141.6
平 谷 区	33.5	82.4	122.5	141.2	162.7	146.9	164.7	101.4
密 云 区	44.8	121.7	145.3	165.1	177.3	107.6	126.0	130.9
延 庆 区	16.7	55.7	70.4	77.6	69.9	71.2	107.2	154.1
北京经济技术开发区	84.8	236.6	339.9	375.2	391.0	397.6	386.7	358.5

注：本表资料按项目所在建设地地址划分。

2-8 主要年份社会消费品零售总额

单位：亿元

各 区	2005	2010	2012	2013	2014	2015	2016	2017
全 市	**2911.7**	**6340.3**	**8123.5**	**8872.1**	**9638.0**	**10338.0**	**11005.1**	**11575.4**
东城区	293.9	603.4	784.6	839.2	913.3	985.9	1046.6	1098.9
西城区	289.6	608.0	762.5	817.4	862.6	912.6	968.8	1013.9
朝阳区	795.8	1683.4	2071.3	2243.4	2377.6	2514.9	2654.5	2762.3
丰台区	317.3	696.4	808.4	864.6	937.4	1007.3	1075.3	1135.2
石景山区	132.4	144.5	192.3	215.8	241.9	266.0	287.5	303.4
海淀区	576.5	1273.0	1653.1	1793.3	1960.8	2094.7	2213.2	2309.6
门头沟区	12.8	30.4	43.7	49.0	53.1	57.5	61.7	65.9
房山区	63.3	124.8	170.2	190.7	211.8	230.2	248.5	267.4
通州区	82.3	191.5	255.3	286.9	323.2	355.5	388.1	419.1
顺义区	68.2	195.1	282.4	332.4	376.7	410.0	443.0	474.2
昌平区	56.2	244.3	311.9	339.4	368.7	395.9	422.7	452.1
大兴区	64.6	155.0	240.2	282.2	321.9	356.6	386.4	413.7
怀柔区	32.9	55.9	74.2	83.9	94.1	102.9	111.5	119.8
平谷区	20.3	47.2	66.9	75.0	84.4	92.3	100.2	107.3
密云区	35.9	69.0	91.8	102.4	110.7	120.1	129.8	139.0
延庆区	27.0	48.4	62.7	69.6	74.8	81.1	87.6	94.2
北京经济技术开发区	42.7	170.1	251.9	286.8	325.1	354.5	379.7	399.5

2-9 主要年份农林牧渔业总产值

单位：亿元

各　区	2005	2010	2012	2013	2014	2015	2016	2017
全　市	**239.3**	**328.0**	**395.7**	**421.8**	**420.1**	**368.2**	**338.1**	**308.3**
朝 阳 区	3.9	4.1	4.5	4.2	4.3	3.5	3.2	3.3
丰 台 区	2.7	3.0	3.5	3.6	2.5	1.9	1.7	2.1
海 淀 区	3.4	4.0	5.7	5.8	5.9	5.3	5.2	4.4
门头沟区	2.1	3.9	5.3	5.3	3.5	2.4	2.5	2.7
房 山 区	31.4	42.6	46.5	50.6	52.5	40.2	38.2	35.7
通 州 区	28.9	39.8	51.5	55.4	57.8	50.1	42.4	40.8
顺 义 区	49.5	58.6	67.6	68.3	68.5	58.1	53.4	48.3
昌 平 区	10.1	16.8	26.0	27.8	25.8	22.1	20.7	20.3
大 兴 区	34.7	48.2	54.8	61.2	63.2	55.9	48.8	40.8
怀 柔 区	12.1	17.1	19.1	20.3	20.4	17.7	15.2	15.4
平 谷 区	17.6	29.4	39.7	44.7	48.2	46.7	45.0	39.8
密 云 区	24.0	39.2	45.6	47.3	41.6	41.9	40.9	35.8
延 庆 区	13.0	20.3	25.0	26.1	24.1	20.6	19.3	17.7

注：1.农林牧渔业总产值按现价计算，其中包含农林牧渔服务业产值。
　　2.农林牧渔业总产值使用的价格为农产品生产价格。
　　3.全市总产值中2010年及以后年份包含远洋渔业的数据。

2-10 主要年份规模以上工业总产值

单位：亿元

各　区	2005	2010	2012	2013	2014	2015	2016	2017
全　市	**6946.2**	**13699.8**	**15596.2**	**17370.9**	**18452.9**	**17449.6**	**18087.3**	**18901.1**
东城区	89.3	67.1	109.6	123.5	161.6	203.0	195.9	200.2
西城区	334.9	686.3	833.1	883.2	965.8	1067.2	1096.0	1145.7
朝阳区	707.7	1040.5	1239.2	1093.2	1006.8	723.4	816.3	715.4
丰台区	268.9	433.5	386.4	418.6	434.2	452.5	446.5	437.6
石景山区	602.3	630.5	303.5	276.5	241.4	226.9	213.5	222.4
海淀区	850.4	1343.0	1489.3	1708.3	2211.2	2216.5	2108.6	2387.6
门头沟区	48.4	78.7	104.6	80.7	98.5	86.5	77.0	84.3
房山区	611.1	949.6	1019.9	970.7	1064.7	833.0	751.2	895.2
通州区	228.7	593.0	610.0	667.7	691.1	618.9	644.0	641.2
顺义区	864.3	1851.6	2299.0	2862.5	2983.6	2828.4	3008.6	2192.1
昌平区	438.6	987.8	1191.7	1271.0	1133.7	804.9	891.2	1099.1
大兴区	204.2	455.1	570.9	633.1	664.6	694.5	771.8	811.9
怀柔区	120.0	484.8	440.4	553.2	552.7	451.4	491.9	636.0
平谷区	86.2	184.7	216.8	242.6	253.9	244.8	246.8	189.0
密云区	92.9	177.0	262.0	293.1	309.0	284.4	331.8	305.8
延庆区	19.0	51.4	67.7	65.0	69.3	53.9	71.5	79.0
北京经济技术开发区	1119.5	2228.1	2187.9	2292.9	2421.0	2555.5	2842.5	3424.9

注：自2004年起，国家电网公司、国网冀北电力有限公司的“工业总产值”由市统计局统一核算，故表中“工业总产值”指标分区数据之和不等于全市。

2-11 主要年份建筑业总产值

单位：亿元

各 区	2005	2010	2012	2013	2014	2015	2016	2017
全 市	**1894.0**	**5196.0**	**6588.3**	**7459.6**	**8209.8**	**8436.7**	**8841.2**	**9736.7**
东城区	137.3	350.3	445.9	503.1	513.3	552.8	628.4	674.8
西城区	190.2	389.3	560.0	578.4	661.2	584.1	646.3	736.1
朝阳区	285.0	703.7	879.2	1012.0	1066.7	1073.6	1155.1	1329.3
丰台区	174.3	622.1	819.7	981.4	1184.5	1280.3	1516.3	1627.1
石景山区	80.0	311.5	358.5	391.0	460.2	454.5	429.4	471.8
海淀区	389.7	1132.6	1337.0	1444.5	1528.0	1649.9	1610.8	1835.4
门头沟区	41.3	50.8	71.7	80.9	84.4	92.6	93.5	103.4
房山区	145.7	260.0	294.0	329.0	364.6	346.3	349.5	356.4
通州区	78.1	324.2	478.2	757.1	923.7	1016.6	1064.5	1175.4
顺义区	68.5	151.3	220.8	244.0	307.5	296.8	306.7	374.7
昌平区	68.5	197.2	260.7	293.3	219.8	179.3	184.9	189.7
大兴区	82.4	190.1	284.7	301.2	308.1	326.4	343.0	333.3
怀柔区	54.1	75.0	84.9	71.6	77.8	77.1	82.1	89.3
平谷区	25.4	44.1	83.1	79.8	87.9	74.3	82.9	68.0
密云区	35.5	71.0	96.4	100.9	120.5	117.0	94.5	109.2
延庆区	35.2	42.0	50.3	57.4	60.8	56.7	46.0	59.2
北京经济技术开发区	2.8	280.8	263.2	234.0	240.8	258.4	207.4	203.6

注：建筑业相关数据是按照建筑业企业经营地划分，统计范围为施工总承包、专业承包建筑业企业。

2–12 主要年份实际利用外商直接投资额

单位：万美元

各 区	2005	2010	2012	2013	2014	2015	2016	2017
全 市	**352638**	**636358**	**804160**	**852418**	**904085**	**1299635**	**1302858**	**2432909**
东城区	29433	53592	63634	66149	51037	52735	50298	58209
西城区	11738	61534	60648	50045	43378	33539	50378	1161083
朝阳区	140029	240298	320073	342225	390011	933873	745228	587979
丰台区	5734	12758	16632	18637	45291	5815	10414	10263
石景山区	841	6583	7809	8748	9370	9112	15026	25333
海淀区	47536	136343	150164	160011	160161	130222	188722	249059
门头沟区	430	200	4485	100	805	1523	1004	2490
房山区	1415	7455	7998	1014	1367	275	4074	18400
通州区	8419	9042	10376	12004	35741	30534	36036	81861
顺义区	25217	40014	42053	36002	52218	52114	69305	92711
昌平区	3909	8894	9288	9865	10380	10903	78881	80000
大兴区	4878	11554	82031*	81515*	87485*	32517*	41103*	45120*
怀柔区	5713	6575	20659	37817	5020	2152	3725	13129
平谷区	4202	5363	7197	7206	9575	1500	4500	6043
密云区	2569	4552	587	984	1909	861	2098	720
延庆区	371	835	526	20096	337	1960	2066	509
北京经济技术开发区	60204	30766	66923	63558	63619	30217	30541	39622

注：“*”表示大兴区实际利用外商直接投资额中包含北京经济技术开发区数据。

资料来源：北京市商务局。

2–13 主要年份入境旅游者人数

单位：万人次

各 区	2005	2010	2012	2013	2014	2015	2016	2017
全 市	**362.90**	**490.07**	**500.90**	**450.10**	**427.50**	**420.00**	**416.53**	**392.56**
东城区	95.10	111.85	126.86	120.43	114.83	114.20	111.99	110.51
西城区	42.00	45.30	37.14	31.30	29.61	29.00	26.82	21.69
朝阳区	153.90	213.95	215.27	195.26	194.32	190.70	194.05	180.70
丰台区	2.70	8.06	10.48	8.69	8.54	7.40	6.05	6.55
石景山区	0.20	4.72	11.29	6.27	2.48	3.00	2.52	3.68
海淀区	44.60	53.08	51.12	45.88	39.76	38.90	34.67	35.05
门头沟区		0.03	0.05	1.36	0.86	0.05	0.06	0.06
房山区	0.10	0.04	0.07	0.04	0.05	0.07	0.06	0.04
通州区	2.30	4.35	2.64	1.60	1.07	1.50	0.89	0.69
顺义区	8.70	20.00	24.24	21.29	19.12	20.50	21.89	19.68
昌平区	12.00	6.84	4.62	3.51	4.47	2.60	2.00	2.32
大兴区	0.60	20.19	15.44	12.67	11.30	10.10	13.89	10.49
怀柔区	0.20	0.12	0.16	0.40	0.42	1.20	1.22	0.78
平谷区	0.20	0.26	0.22	0.20	0.22	0.09	0.06	0.02
密云区	0.20	0.50	0.47	0.50	0.27	0.30	0.27	0.23
延庆区	…	0.76	0.76	0.73	0.14	0.40	0.08	0.05

2-14 主要年份城镇居民人均可支配收入

单位：元

各区	2005	2010	2012	2013	2014	2015	2016	2017
全市	**17653**	**29073**	**36469**	**40321**	**43910**	**52859**	**57275**	**62406**
东城区		30684	38559	41676	45052	61764	66084	70289
西城区		31633	39772	43479	47392	67492	71863	76511
朝阳区	17506	30134	37883	41035	44646	55450	60056	64841
丰台区	15795	27081	34200	37886	41334	47127	51173	55871
石景山区	16183	28051	35420	38657	41943	56304	60980	66112
海淀区	18479	33351	41841	45953	50088	62325	67022	71986
门头沟区	16006	25313	32369	35141	38023	42350	45872	49682
房山区	15175	23769	30025	32886	35912	36317	39486	42992
通州区	15603	24427	30476	33662	37095	37608	40845	44607
顺义区	16167	24825	30437	33329	36428	33394	36448	39736
昌平区	15684	24428	29950	32495	35517	38794	42149	45735
大兴区	15179	24368	31004	34128	37131	40598	43932	47572
怀柔区	15661	23428	29562	32519	35771	33247	36013	39272
平谷区	15050	23606	29850	32933	36226	35117	38080	41130
密云区	15106	23438	29551	32538	35499	33878	36631	40031
延庆区	15596	23329	28644	31132	33778	35603	38442	41599

注：1.自2013年起，国家统计局对城镇住户调查和农村住户调查实施了一体化改革，正式开展了城乡一体的住户收支与生活状况调查。北京市住户调查样本量城乡共计1万户（下表同）。

2.按照国家统计局要求，自2015年起，我市按照改革后的新口径发布全市和分城乡的居民收支数据。与老口径相比，新口径的差异主要体现在三个方面：一是对居民收支指标口径进行了调整，将反映居民收入的核心指标由原来的城镇居民“人均可支配收入”和农村居民“人均纯收入”统一为“人均可支配收入”；二是按照国家城乡划分标准，将城镇地区的村委会由原来的农村划入城镇进行统计；三是在分城乡的居民收支数据基础上，增加了全体居民的人均可支配收入、人均消费支出数据。

2-15 主要年份城镇居民人均消费支出

单位：元

各 区	2005	2010	2012	2013	2014	2015	2016	2017
全 市	**13244**	**19934**	**24046**	**26275**	**28009**	**36642**	**38256**	**40346**
东城区		22196	25887	26994	28613	40865	43923	46154
西城区		22277	27149	29474	31921	43595	45329	46668
朝阳区	13257	22406	26785	28315	30467	39660	40034	41579
丰台区	11988	18207	22869	24783	26816	34240	37831	38127
石景山区	11636	18903	20530	22411	23845	36789	38547	40767
海淀区	12942	21597	26570	29430	31784	44626	46630	49458
门头沟区	11975	17617	20442	22313	24053	30012	32977	33910
房山区	11648	15870	19407	20386	21181	22742	25105	26368
通州区	11077	16046	18972	20604	23694	26944	29238	31701
顺义区	10208	14257	17463	18895	20784	22174	23810	25928
昌平区	10849	17123	19872	20322	21968	27340	29892	32030
大兴区	10107	15805	19852	22126	24382	26798	28166	29710
怀柔区	10549	15137	18590	20083	21730	21720	23633	25415
平谷区	10478	14895	18961	20966	22455	22519	24539	25225
密云区	10175	15628	17743	19079	21120	22741	23020	23849
延庆区	10384	13467	16481	18155	19808	22882	24809	27109

2-16 主要年份农村居民人均可支配收入

单位：元

各 区	2005	2010	2012	2013	2014	2015	2016	2017
全 市	**7860**	**13262**	**16476**	**18337**	**20226**	**20569**	**22310**	**24240**
朝阳区	11085	18331	22152	24426	26808			
丰台区	8995	14544	18502	20442	22553			
海淀区	9987	17661	22364	24673	27098			
门头沟区	7556	12672	15715	17408	18861	20167	21861	23746
房山区	7205	12492	15192	16916	18809	19161	20849	22727
通州区	7661	12613	15936	17925	20076	21648	23538	25632
顺义区	7459	12898	15960	17703	19629	22648	24649	26833
昌平区	7416	12548	14971	16756	18689	20115	21871	23839
大兴区	7405	12335	15329	17044	18824	17796	19555	21338
怀柔区	7201	12256	14585	16356	18196	19937	21620	23506
平谷区	7336	12036	15067	16865	18785	20147	21866	23760
密云区	7203	11858	14590	16202	17855	19183	20798	22604
延庆区	6985	11531	14078	15504	17017	18088	19588	21248

注：2005、2010、2012-2014年数据为农村居民人均纯收入数据，自2015年起，根据国家统计局城乡居民统计新口径要求，农村居民人均纯收入统一改为农村居民人均可支配收入。

2–17 主要年份农村居民人均消费支出

单位：元

各 区	2005	2010	2012	2013	2014	2015	2016	2017
全 市	**5515**	**10109**	**11879**	**13553**	**14529**	**15811**	**17329**	**18810**
朝阳区	8017	15224	18381	18593	20313			
丰台区	6848	12089	15340	16896	18303			
海淀区	8069	14891	18172	19307	20193			
门头沟区	5532	8632	9750	11456	12326	18980	20271	19649
房山区	5204	8915	10934	11840	12529	14294	15470	16730
通州区	4566	9840	10623	11625	12702	15544	17098	18490
顺义区	5450	8639	10830	11634	12453	13926	15245	16396
昌平区	6735	11379	11932	13954	14206	18425	18949	21437
大兴区	4426	9806	9703	11523	12743	15322	17389	18327
怀柔区	4502	9106	9046	10167	11254	15567	17195	18754
平谷区	4231	8348	10708	11867	12615	14693	15755	17223
密云区	4716	8860	9962	11153	12150	13973	15300	15997
延庆区	4383	6754	9017	10091	11190	13382	14500	15641

2–18 主要年份小学在校学生数

单位：万人

各 区	2005	2010	2012	2013	2014	2015	2016	2017
全 市	**49.45**	**65.33**	**71.87**	**78.93**	**82.12**	**85.03**	**86.84**	**87.58**
东城区	3.99	4.57	4.67	4.91	5.08	5.30	5.46	5.56
西城区	4.13	4.99	5.56	6.07	6.45	6.93	7.38	7.75
朝阳区	4.78	8.41	9.85	11.88	12.80	13.29	13.57	13.70
丰台区	3.28	6.43	6.59	6.88	7.04	6.91	6.75	6.55
石景山区	1.33	2.07	2.14	2.29	2.35	2.38	2.35	2.28
海淀区	8.25	12.08	13.15	14.14	14.77	15.56	16.13	16.34
门头沟区	1.07	1.19	1.11	1.11	1.13	1.17	1.19	1.20
房山区	3.80	3.71	4.20	4.48	4.66	4.82	4.89	4.97
通州区	2.87	4.79	5.42	5.94	6.07	6.21	6.36	6.45
顺义区	2.50	3.21	3.59	3.81	4.10	4.28	4.45	4.64
昌平区	2.22	3.50	5.07	5.36	5.40	5.39	5.28	5.23
大兴区	3.11	4.01	4.24	5.60	5.62	5.93	6.09	6.01
怀柔区	1.65	1.48	1.55	1.61	1.65	1.70	1.70	1.69
平谷区	2.39	1.59	1.55	1.60	1.67	1.73	1.78	1.79
密云区	2.46	1.97	1.97	2.04	2.13	2.21	2.23	2.21
延庆区	1.61	1.32	1.19	1.18	1.19	1.23	1.23	1.23

注：从2007年开始，普通中学、小学、工读学校、特殊教育、学前教育在校学生数包括外省市户口借读学生。

资料来源：北京市教育委员会。

2-19 主要年份普通中学在校学生数

单位：万人

各　区	2005	2010	2012	2013	2014	2015	2016	2017
全　市	**59.99**	**50.83**	**49.90**	**49.82**	**48.43**	**45.28**	**43.14**	**43.04**
东 城 区	5.97	4.56	4.31	4.22	4.07	3.81	3.62	3.60
西 城 区	6.92	5.36	5.28	5.22	5.02	4.65	4.41	4.50
朝 阳 区	5.29	5.00	5.49	5.63	5.43	5.15	4.90	4.83
丰 台 区	3.11	3.09	2.86	2.99	3.06	2.80	2.49	2.23
石景山区	1.42	1.46	1.47	1.52	1.47	1.30	1.20	1.13
海 淀 区	9.24	9.95	10.35	10.37	10.32	9.78	9.54	9.90
门头沟区	1.01	0.82	0.73	0.73	0.72	0.69	0.68	0.67
房 山 区	4.52	3.14	2.89	2.81	2.74	2.58	2.46	2.45
通 州 区	4.06	3.06	2.88	2.83	2.72	2.55	2.50	2.49
顺 义 区	4.05	3.04	2.91	2.85	2.79	2.68	2.61	2.59
昌 平 区	1.98	2.19	2.46	2.58	2.45	2.25	2.13	2.10
大 兴 区	3.42	2.87	2.75	2.85	2.72	2.52	2.31	2.27
怀 柔 区	1.63	1.38	1.22	1.17	1.11	1.03	0.98	0.95
平 谷 区	3.14	1.70	1.40	1.27	1.20	1.09	1.04	1.05
密 云 区	2.40	1.95	1.72	1.62	1.53	1.41	1.37	1.41
延 庆 区	1.81	1.27	1.19	1.15	1.09	0.97	0.90	0.86

注：普通中学范围为普通高中和普通初中。
资料来源：北京市教育委员会。

2–20 主要年份幼儿园在园幼儿数

单位：人

各 区	2005	2010	2012	2013	2014	2015	2016	2017
全 市	**202301**	**276994**	**331524**	**348681**	**364954**	**394121**	**416982**	**445535**
东城区	11908	11877	12061	12722	13193	14464	15628	16720
西城区	12639	15174	16522	16385	16698	17127	17483	19398
朝阳区	33662	48324	56171	58653	62329	66518	72166	78764
丰台区	19481	31410	40252	40694	40401	41724	43421	44323
石景山区	6703	9879	12393	13319	13409	14853	15238	15514
海淀区	40121	47036	55070	56424	58028	60442	62569	65545
门头沟区	4285	5229	5470	5442	5241	5943	6302	7101
房山区	14136	22466	25953	28752	28878	30280	27281	31537
通州区	8951	13514	16505	20894	25455	28817	30371	26721
顺义区	8112	12545	15199	16962	19184	22749	25246	28880
昌平区	10076	16069	19885	20579	23294	25854	29707	32005
大兴区	8279	15545	21661	23502	24965	28370	32082	35029
怀柔区	4874	6190	9534	9547	8642	9523	10125	10956
平谷区	6451	6448	7760	8113	8393	9098	10235	12028
密云区	6564	9473	10433	10253	10343	11316	11762	13151
延庆区	6059	5815	6655	6440	6501	7043	7366	7863

资料来源：北京市教育委员会。

2-21 主要年份卫生机构数

单位：个

各　区	2005	2010	2012	2013	2014	2015	2016	2017
全　市	**4818**	**6539**	**9974**	**10141**	**10265**	**10425**	**10637**	**10986**
东城区	458	484	537	548	564	570	576	579
西城区	644	589	607	611	632	646	660	664
朝阳区	798	1185	1239	1275	1337	1362	1438	1513
丰台区	248	482	516	541	549	554	550	539
石景山区	203	192	197	205	214	212	223	221
海淀区	816	914	986	1051	1036	1053	1080	1126
门头沟区	117	110	261	265	260	259	252	247
房山区	227	472	1009	1023	989	984	971	991
通州区	205	257	604	601	615	611	609	609
顺义区	165	275	606	608	651	707	745	763
昌平区	284	517	843	856	865	907	958	1046
大兴区	228	480	715	728	762	778	803	843
怀柔区	146	175	479	487	484	481	484	482
平谷区	68	113	431	434	430	437	427	427
密云区	106	208	662	641	610	589	585	597
延庆区	105	86	267	252	252	256	257	320

注：2011年开始，卫生机构中包含村卫生室。

资料来源：北京市卫生健康委员会。

2–22 主要年份卫生机构床位数

单位：张

各　区	2005	2010	2012	2013	2014	2015	2016	2017
全　市	**79067**	**92871**	**100167**	**104034**	**109789**	**111555**	**116963**	**120557**
东城区	10904	10106	10440	10948	10930	11046	11175	11305
西城区	12170	13819	14151	14562	15354	15604	15608	15868
朝阳区	12064	15709	17493	18252	19053	20075	22222	23186
丰台区	6158	7876	8275	8926	9347	9534	10045	10554
石景山区	2897	3529	3647	4007	4140	4636	4595	4755
海淀区	9624	9832	10304	10557	11374	11238	12351	13001
门头沟区	2381	2651	2705	2842	2859	2858	2863	2953
房山区	4569	6077	6034	5864	6173	6362	6641	6633
通州区	2351	2608	3170	3203	3216	3494	3651	3737
顺义区	2259	3149	3202	3270	3283	3430	3516	3669
昌平区	5885	7457	9085	9430	11110	10147	10882	11475
大兴区	3038	4434	5468	6074	6675	6780	7012	6999
怀柔区	1284	1377	1584	1576	1596	1683	1681	1711
平谷区	1229	1900	2043	2056	2001	2020	2007	1979
密云区	1182	1270	1535	1485	1696	1666	1700	1695
延庆区	1072	1077	1031	982	982	982	1014	1037

资料来源：北京市卫生健康委员会。

2-23 主要年份执业(助理)医师数

单位：人

各　区	2005	2010	2012	2013	2014	2015	2016	2017
全　市	**50642**	**65954**	**82192**	**85819**	**89590**	**96445**	**100878**	**105732**
东 城 区	8571	8487	8993	9175	9460	9790	10123	10518
西 城 区	8594	9940	10942	11129	11300	11992	12303	12795
朝 阳 区	8069	12723	15279	15840	16572	17825	18610	19774
丰 台 区	3619	4823	5720	6029	6267	6509	6975	7572
石景山区	1644	2181	2345	2559	2687	2848	3009	3008
海 淀 区	6618	9281	9891	10140	10594	10761	11440	12687
门头沟区	907	1040	1110	1136	1120	1170	1225	1225
房 山 区	1839	2364	3025	3216	3316	3516	3644	3804
通 州 区	1739	2381	2688	2803	3034	3362	3593	3787
顺 义 区	1587	2107	2535	2649	2873	3190	3291	3386
昌 平 区	1743	3106	3701	3863	4302	4810	5260	5659
大 兴 区	1781	2942	3236	3427	3678	4021	4268	4374
怀 柔 区	972	1158	1268	1321	1406	1387	1437	1453
平 谷 区	1085	1316	1397	1437	1461	1530	1549	1546
密 云 区	1082	1286	1447	1545	1573	1580	1666	1724
延 庆 区	792	819	825	867	892	941	1035	1062

资料来源：北京市卫生健康委员会。

2-24 主要年份注册护士数

单位：人

各 区	2005	2010	2012	2013	2014	2015	2016	2017
全 市	**42897**	**67308**	**95202**	**100652**	**106167**	**114294**	**117760**	**123158**
东城区	7566	8404	9228	9380	9972	10303	10575	10836
西城区	8744	12025	13521	13392	13796	15338	15296	15992
朝阳区	7279	13351	16564	17647	18189	18971	20418	21544
丰台区	2990	5150	6439	6807	7348	7664	7989	8237
石景山区	1386	2332	2641	3002	3077	3349	3315	3404
海淀区	5286	9692	11178	11930	12342	12660	12859	14670
门头沟区	872	1151	1350	1376	1388	1440	1478	1499
房山区	1709	2213	3097	3222	3578	3768	3855	4069
通州区	1207	2058	2523	2804	3092	3380	3609	3771
顺义区	943	1726	2008	2227	2396	2807	2886	2986
昌平区	1517	3023	3730	4036	5302	5938	6419	6840
大兴区	1231	2639	3334	3660	4069	4313	4629	4735
怀柔区	513	867	1026	1075	1106	1130	1129	1159
平谷区	504	1104	1251	1380	1403	1479	1498	1499
密云区	668	956	962	1123	1104	1204	1188	1172
延庆区	482	617	682	819	731	882	905	947

资料来源：北京市卫生健康委员会。

2-25 主要年份参加企业职工基本养老保险人数

单位：万人

各 区	2010	2012	2013	2014	2015	2016	2017
全 市	**982.5**	**1206.4**	**1311.3**	**1392.6**	**1424.2**	**1459.1**	**1514.3**
东城区	102.3	120.4	129.9	135.0	137.6	142.7	143.9
西城区	152.0	175.5	183.8	189.4	191.6	192.8	193.8
朝阳区	194.3	248.1	274.8	294.8	301.4	312.5	326.9
丰台区	59.9	72.5	79.8	85.3	87.4	89.4	93.3
石景山区	31.4	36.5	38.8	40.7	41.6	42.4	44.2
海淀区	159.7	204.9	224.8	241.8	248.8	257.7	270.3
门头沟区	15.9	18.3	19.6	20.7	21.1	21.4	22.1
房山区	24.9	29.0	32.3	34.3	35.2	35.0	36.5
通州区	26.9	35.6	40.2	44.4	45.8	47.4	50.8
顺义区	34.9	46.0	51.7	55.9	57.5	58.3	61.3
昌平区	28.2	35.8	39.4	42.7	44.0	42.8	46.0
大兴区	30.3	40.1	45.2	48.6	49.5	49.4	51.8
怀柔区	12.8	16.0	18.1	19.7	20.2	20.0	20.9
平谷区	11.8	14.9	16.8	18.4	19.0	19.3	20.3
密云区	11.8	15.2	16.7	18.1	18.6	18.9	20.1
延庆区	6.5	7.7	8.2	8.7	8.9	9.0	9.4
北京经济技术开发区	19.3	28.8	32.9	36.6	38.2	39.2	42.1
其 他	59.5	61.0	58.3	57.6	58.0	60.9	60.6

注：表中“其他”分组指社会保险代办机构。

资料来源：北京市人力资源和社会保障局。

2-26 主要年份参加职工基本医疗保险人数

单位：万人

各　区	2010	2012	2013	2014	2015	2016	2017
全　市	**1063.7**	**1279.7**	**1354.8**	**1431.3**	**1475.7**	**1517.6**	**1569.2**
东城区	130.6	148.5	153.3	157.2	159.8	160.5	161.8
西城区	169.7	196.7	210.9	213.9	213.4	213.0	214.2
朝阳区	213.5	264.3	275.7	307.3	317.2	327.6	346.4
丰台区	69.3	82.8	88.0	92.4	97.1	99.6	102.8
石景山区	33.5	38.8	40.3	42.2	44.4	46.2	48.1
海淀区	186.0	228.8	243.4	262.4	279.5	288.8	299.5
门头沟区	17.7	19.6	20.4	21.0	21.2	22.6	23.3
房山区	26.8	31.4	34.2	36.4	37.4	38.2	39.4
通州区	30.2	37.8	48.6	45.4	47.9	50.3	52.8
顺义区	38.6	49.0	52.3	55.0	56.1	57.6	59.5
昌平区	31.6	39.0	41.5	44.4	47.3	49.4	51.7
大兴区	34.1	44.0	46.7	48.5	49.3	52.8	54.3
怀柔区	14.3	17.2	18.9	20.5	20.7	21.4	22.1
平谷区	13.8	16.8	18.1	19.6	20.3	20.9	21.6
密云区	14.6	18.3	18.7	19.5	20.4	21.7	22.3
延庆区	8.4	9.9	12.7	10.4	10.9	11.8	12.1
北京经济技术开发区	23.0	28.7	31.0	34.9	32.9	35.2	37.1
其　他	8.0	8.2					0.1

注：表中“其他”分组指社会保险代办机构。

资料来源：北京市人力资源和社会保障局。

2018

北京区域统计年鉴

第三章

BEIJING AREA STATISTICAL YEARBOOK

北京各区概览

简要说明

一、本章资料的主要内容

本章各区数据主要涉及国民经济核算、财政、税收、金融、利用外资、产业（农业、工业、建筑业、旅游等）、投资、消费、房地产、人口、资源、环境、科技、教育、文化、卫生、体育、法律、社会保险、社会保障、就业、城乡居民收支、城市公用事业、城市安全等多个领域的主要情况，重点反映主要指标的总量和增速。

二、本章资料的数据来源

各区数据主要来源于三个方面：

一是来源于北京市统计局，主要包括国民经济核算、产业、投资、消费、房地产、常住人口、能源消费等指标。

二是来源于国家统计局北京调查总队，由其直接调查、获取生成的数据，主要包括城乡居民收入支出等指标。

三是来源于市政府相关委办局，由其通过相关调查或行政记录等方式获取生成的数据，主要包括户籍人口、土地、财政、税收、金融、利用外资、教育、文化、卫生、体育、城市公用事业、环境、专利、社会保险、社会保障、城市安全、资源、环境等方面指标，分别由市公安局、市规划自然资源委、市财政局、国家税务总局北京市税务局、中国人民银行营管部、市商务局、市教委、市文物局、市文化和旅游局、市档案局、市卫生健康委、市体育局、市交通委、市人力社保局、市水务局、市城市管理委、市生态环境局、市园林绿化局、市应急管理局、市知识产权局、市技术市场管理办公室和市司法局等部门提供。具体来源见每张表下的注解说明。

3-1 土地利用状况(2016年)

单位:公顷

各 区	耕 地	园 地	林 地	草 地	城镇村及工矿用地	交通运输用地	水域及水利设施用地
全 市	**216345.4**	**133453.2**	**739705.5**	**84721.5**	**306615.4**	**47480.9**	**77968.7**
东 城 区					4182.0		
西 城 区					5033.1		
朝 阳 区	2476.5	645.1	3468.5	11.8	34197.0	2253.6	2066.1
丰 台 区	2054.1	727.2	4178.1	68.4	19367.5	2740.0	1224.1
石景山区	61.3	65.0	2352.7	6.8	5404.8	223.8	308.0
海 淀 区	1963.2	2494.7	10315.1	45.8	24596.9	1582.2	1650.9
门头沟区	880.9	5164.5	100433.2	22969.7	8196.6	1470.6	1455.6
房 山 区	24679.1	15644.9	60672.5	45467.2	31390.5	5221.2	6931.5
通 州 区	33161.9	3405.7	7798.6	116.5	30764.5	4798.0	8486.6
顺 义 区	32945.8	4862.5	15768.5	1702.0	28834.0	7257.5	7557.2
昌 平 区	10821.9	12437.6	64337.5	1367.8	34173.4	5158.7	4111.6
大 兴 区	39999.8	7582.0	6926.3	285.3	35358.3	4385.6	6572.7
怀 柔 区	9945.4	17581.3	162676.6	1617.9	10779.4	2943.1	4816.8
平 谷 区	11647.8	23277.8	34930.6	6095.5	10625.7	2610.6	4016.2
密 云 区	17297.9	29098.1	130344.0	2262.4	14156.2	3281.2	22361.7
延 庆 区	28409.9	10466.6	135503.5	2704.2	9555.5	3554.8	6409.7

资料来源：北京市规划和自然资源委员会。

3-2 行政区划(2017年)

单位：个

各　区	街道办事处	建制镇	建制乡	社区居委会	村民委员会
全　市	**150**	**143**	**38**	**3140**	**3920**
东城区	17			182	
西城区	15			261	
朝阳区	24		19	445	144
丰台区	16	2	3	323	64
石景山区	9			151	
海淀区	22	7		576	84
门头沟区	4	9		124	178
房山区	8	14	6	154	459
通州区	4	10	1	129	470
顺义区	6	19		127	426
昌平区	8	14		235	301
大兴区	8	14		218	527
怀柔区	2	12	2	35	284
平谷区	2	14	2	36	273
密云区	2	17	1	98	334
延庆区	3	11	4	46	376

资料来源：北京市民政局。

3-3 规模（限额）以上法人单位情况(2017年)

单位：个

各　区	法人单位数合计			#企业法人
		单产业法人	多产业法人	
全　市	**41471**	**35138**	**6333**	**36217**
东城区	3154	2578	576	2552
西城区	3990	3278	712	3108
朝阳区	9987	8475	1512	9231
丰台区	2729	2383	346	2383
石景山区	1025	876	149	868
海淀区	9018	7701	1317	8125
门头沟区	427	361	66	325
房山区	1258	1092	166	1071
通州区	1387	1236	151	1209
顺义区	1895	1587	308	1683
昌平区	1836	1566	270	1590
大兴区	1343	1163	180	1167
怀柔区	764	615	149	636
平谷区	725	640	85	604
密云区	727	592	135	591
延庆区	359	255	104	241
北京经济技术开发区	847	740	107	833

3-4 常住人口及常住外来人口

各区	常住人口(万人)		#常住外来人口		常住人口密度(人/平方公里)	
	2017	2016	2017	2016	2017	2016
全市	**2170.7**	**2172.9**	**794.3**	**807.5**	**1323**	**1324**
东城区	85.1	87.8	17.8	19.2	20330	20975
西城区	122.0	125.9	27.9	29.2	24144	24916
朝阳区	373.9	385.6	168.8	174.8	8216	8473
丰台区	218.6	225.5	75.4	79.9	7148	7374
石景山区	61.2	63.4	17.8	19.0	7258	7519
海淀区	348.0	359.3	127.6	139.3	8079	8342
门头沟区	32.2	31.1	5.0	5.0	222	214
房山区	115.4	109.6	30.3	28.0	580	551
通州区	150.8	142.8	60.3	57.0	1664	1576
顺义区	112.8	107.5	46.4	43.0	1106	1054
昌平区	206.3	201.0	105.5	103.8	1535	1496
大兴区	176.1	169.4	83.2	82.1	1699	1635
怀柔区	40.5	39.3	10.7	10.6	191	185
平谷区	44.8	43.7	5.7	5.5	472	460
密云区	49.0	48.3	7.6	7.2	220	217
延庆区	34.0	32.7	4.3	3.9	171	164

注：表内常住人口数据根据人口抽样调查数据推算，为年末数。

3-5 常住人口(按城乡分)

单位：万人

各 区	常住人口		城镇人口		乡村人口	
	2017	2016	2017	2016	2017	2016
全 市	**2170.7**	**2172.9**	**1876.6**	**1879.6**	**294.1**	**293.3**
东 城 区	85.1	87.8	85.1	87.8		
西 城 区	122.0	125.9	122.0	125.9		
朝 阳 区	373.9	385.6	373.5	384.7	0.4	0.9
丰 台 区	218.6	225.5	218.2	224.8	0.4	0.7
石景山区	61.2	63.4	61.2	63.4		
海 淀 区	348.0	359.3	342.6	352.7	5.4	6.6
门头沟区	32.2	31.1	28.3	27.2	3.9	3.9
房 山 区	115.4	109.6	83.9	78.4	31.5	31.2
通 州 区	150.8	142.8	100.2	93.0	50.6	49.8
顺 义 区	112.8	107.5	62.7	59.0	50.1	48.5
昌 平 区	206.3	201.0	169.7	164.5	36.6	36.5
大 兴 区	176.1	169.4	128.0	121.8	48.1	47.6
怀 柔 区	40.5	39.3	27.9	26.6	12.6	12.7
平 谷 区	44.8	43.7	25.6	24.5	19.2	19.2
密 云 区	49.0	48.3	28.5	27.6	20.5	20.7
延 庆 区	34.0	32.7	19.2	17.7	14.8	15.0

注：表内数据根据人口抽样调查数据推算，为年末数。

3-6 常住人口(按性别分)

单位：万人

各　区	常住人口		男		女	
	2017	2016	2017	2016	2017	2016
全　市	**2170.7**	**2172.9**	**1107.4**	**1112.7**	**1063.3**	**1060.2**
东 城 区	85.1	87.8	41.0	42.7	44.1	45.1
西 城 区	122.0	125.9	59.0	62.2	63.0	63.7
朝 阳 区	373.9	385.6	190.1	197.1	183.8	188.5
丰 台 区	218.6	225.5	110.7	114.3	107.9	111.2
石景山区	61.2	63.4	30.7	31.9	30.5	31.5
海 淀 区	348.0	359.3	179.4	186.7	168.6	172.6
门头沟区	32.2	31.1	16.2	15.7	16.0	15.4
房 山 区	115.4	109.6	58.6	55.9	56.8	53.7
通 州 区	150.8	142.8	78.0	73.8	72.8	69.0
顺 义 区	112.8	107.5	58.0	55.4	54.8	52.1
昌 平 区	206.3	201.0	108.3	105.7	98.0	95.3
大 兴 区	176.1	169.4	91.2	87.5	84.9	81.9
怀 柔 区	40.5	39.3	21.0	20.3	19.5	19.0
平 谷 区	44.8	43.7	22.9	22.2	21.9	21.5
密 云 区	49.0	48.3	25.0	24.7	24.0	23.6
延 庆 区	34.0	32.7	17.3	16.6	16.7	16.1

注：表内数据根据人口抽样调查数据推算，为年末数。

3-7 常住人口(按年龄分)

单位：万人

各 区	常住人口		0—14岁		15—64岁		65岁及以上	
	2017	2016	2017	2016	2017	2016	2017	2016
全 市	**2170.7**	**2172.9**	**226.4**	**223.8**	**1706.7**	**1718.7**	**237.6**	**230.4**
东 城 区	85.1	87.8	8.3	8.5	63.0	65.4	13.8	13.9
西 城 区	122.0	125.9	14.0	14.4	88.7	92.0	19.3	19.5
朝 阳 区	373.9	385.6	36.8	37.4	294.8	306.4	42.3	41.8
丰 台 区	218.6	225.5	21.8	22.3	172.8	179.2	24.0	24.0
石景山区	61.2	63.4	5.6	5.8	48.9	50.9	6.7	6.7
海 淀 区	348.0	359.3	32.4	32.3	275.6	287.7	40.0	39.3
门头沟区	32.2	31.1	3.7	3.5	24.1	23.5	4.4	4.1
房 山 区	115.4	109.6	13.0	12.4	89.8	85.5	12.6	11.7
通 州 区	150.8	142.8	14.4	14.0	123.2	116.4	13.2	12.4
顺 义 区	112.8	107.5	13.6	12.9	90.2	86.2	9.0	8.4
昌 平 区	206.3	201.0	23.9	22.9	164.7	161.5	17.7	16.6
大 兴 区	176.1	169.4	20.1	19.2	142.0	137.6	14.0	12.6
怀 柔 区	40.5	39.3	4.7	4.5	31.4	30.7	4.4	4.1
平 谷 区	44.8	43.7	4.9	4.7	33.8	33.3	6.1	5.7
密 云 区	49.0	48.3	5.6	5.5	37.4	37.1	6.0	5.7
延 庆 区	34.0	32.7	3.6	3.5	26.3	25.3	4.1	3.9

注：表内数据根据人口抽样调查数据推算，为年末数。

3-8 户籍人口户数

单位：万户

各　区	2017	2016
全　市	**543.1**	**538.2**
东 城 区	34.6	34.7
西 城 区	49.1	49.1
朝 阳 区	83.6	82.8
丰 台 区	47.8	47.7
石景山区	14.9	14.9
海 淀 区	73.6	73.3
门头沟区	12.0	12.1
房 山 区	39.0	38.4
通 州 区	39.0	37.6
顺 义 区	27.4	27.2
昌 平 区	27.8	27.3
大 兴 区	28.2	27.6
怀 柔 区	13.7	13.6
平 谷 区	17.4	17.1
密 云 区	20.6	20.7
延 庆 区	14.3	14.2

资料来源：北京市公安局。

3-9 户籍人口数

单位：万人

各　区	2017			2016
		男	女	
全　市	**1359.2**	**676.8**	**682.4**	**1362.9**
东 城 区	96.7	47.4	49.3	97.4
西 城 区	145.0	71.8	73.2	146.5
朝 阳 区	209.8	104.3	105.5	210.9
丰 台 区	113.9	57.2	56.6	115.3
石景山区	38.2	19.5	18.7	38.7
海 淀 区	235.4	117.2	118.3	240.2
门头沟区	24.9	12.6	12.3	25.1
房 山 区	81.9	41.0	40.9	81.3
通 州 区	76.9	38.1	38.8	74.7
顺 义 区	63.5	31.4	32.1	62.7
昌 平 区	61.9	31.0	30.9	61.1
大 兴 区	69.9	34.7	35.2	68.4
怀 柔 区	28.4	14.2	14.2	28.3
平 谷 区	40.4	20.3	20.1	40.2
密 云 区	43.7	21.8	21.9	43.6
延 庆 区	28.5	14.3	14.2	28.4

注：户籍人口是指公民依照《中华人民共和国户口登记条例》已在其经常居住地的公安户籍管理机关登记了常住户口的人。
资料来源：北京市公安局。

3-10 户籍人口机械变动情况

单位：人

各区	市外迁入人数		迁往市外人数		机械增加人数	
	2017	2016	2017	2016	2017	2016
全市	**129061**	**160739**	**87988**	**99751**	**41073**	**60988**
东城区	6953	5939	1052	1063	5901	4876
西城区	14074	12888	3094	3339	10980	9549
朝阳区	23523	24967	13923	15546	9600	9421
丰台区	9035	8272	2444	2513	6591	5759
石景山区	2904	3172	913	1215	1991	1957
海淀区	44684	76497	57454	65984	-12770	10513
门头沟区	1055	841	109	107	946	734
房山区	3591	3464	400	394	3191	3070
通州区	4483	4269	588	735	3895	3534
顺义区	2927	2660	671	687	2256	1973
昌平区	5543	8349	5196	5574	347	2775
大兴区	5926	5494	1557	1772	4369	3722
怀柔区	974	878	128	164	846	714
平谷区	1044	1034	98	233	946	801
密云区	1386	1158	224	253	1162	905
延庆区	959	857	137	172	822	685

资料来源：北京市公安局。

3-11 户籍人口自然变动情况

单位：人

各　区	出生人数		死亡人数		自然增加人数	
	2017	2016	2017	2016	2017	2016
全　市	**185885**	**205153**	**264527**	**88934**	**-78642**	**116219**
东 城 区	10360	11719	15615	13776	-5255	-2057
西 城 区	17262	18853	43010	10038	-25748	8815
朝 阳 区	28462	31800	53451	9246	-24989	22554
丰 台 区	13797	15575	36864	5078	-23067	10497
石景山区	4686	5072	10853	1795	-6167	3277
海 淀 区	28191	30728	41643	15302	-13452	15426
门头沟区	2710	3132	5768	1268	-3058	1864
房 山 区	12300	13997	11026	4498	1274	9499
通 州 区	13895	14743	7864	5253	6031	9490
顺 义 区	10058	11518	7218	3662	2840	7856
昌 平 区	10616	11859	8028	3020	2588	8839
大 兴 区	13686	14761	8017	3690	5669	11071
怀 柔 区	3799	4365	2447	2548	1352	1817
平 谷 区	6441	6817	4606	4777	1835	2040
密 云 区	5785	6095	4962	3109	823	2986
延 庆 区	3837	4119	3155	1874	682	2245

资料来源：北京市公安局。

3-12　城镇单位从业人员年末人数、工资总额

各　区	从业人员年末人数(人)			从业人员工资总额(亿元)		
	2017	2016	增长速度(%)	2017	2016	增长速度(%)
全　　市	**8128589**	**7915197**	**2.7**	**10676.0**	**9463.3**	**12.8**
东 城 区	680640	659912	3.1	989.4	879.8	12.4
西 城 区	1022321	1015031	0.7	1785.4	1607.4	11.1
朝 阳 区	1573062	1513142	4.0	2186.3	1965.3	11.2
丰 台 区	680141	656511	3.6	653.5	564.6	15.7
石景山区	199133	196270	1.5	235.2	203.6	15.5
海 淀 区	1830781	1775698	3.1	2659.6	2346.1	13.4
门头沟区	51385	46924	9.5	53.1	42.7	24.3
房 山 区	150740	144897	4.0	141.2	125.7	12.4
通 州 区	227536	226014	0.7	208.7	179.3	16.4
顺 义 区	471885	466389	1.2	549.0	499.5	9.9
昌 平 区	305321	290251	5.2	316.1	268.8	17.6
大 兴 区	541118	529067	2.3	556.9	485.6	14.7
怀 柔 区	94628	91039	3.9	100.9	87.3	15.6
平 谷 区	124182	126697	-2.0	96.3	84.4	14.2
密 云 区	105038	104477	0.5	92.3	79.7	15.7
延 庆 区	70678	72878	-3.0	52.1	43.5	19.7

注：城镇单位是指不包括私营单位和个体工商户的独立核算法人单位。

3-13 城镇单位在岗职工年末人数、工资总额、平均工资

各 区	在岗职工年末人数(人)			在岗职工工资总额(亿元)			在岗职工平均工资(元)		
	2017	2016	增长速度(%)	2017	2016	增长速度(%)	2017	2016	增长速度(%)
全 市	**7563679**	**7335386**	**3.1**	**10182.8**	**9005.0**	**13.1**	**134994**	**122749**	**10.0**
东城区	589025	587729	0.2	924.5	828.3	11.6	156406	140050	11.7
西城区	916823	903100	1.5	1695.2	1527.8	11.0	187867	171346	9.6
朝阳区	1463879	1406896	4.1	2022.9	1809.8	11.8	138128	126946	8.8
丰台区	654864	624361	4.9	638.8	549.4	16.3	95308	88358	7.9
石景山区	184574	182001	1.4	225.2	194.4	15.8	121492	105015	15.7
海淀区	1739251	1681034	3.5	2584.2	2269.9	13.8	150152	136150	10.3
门头沟区	48825	45358	7.6	51.5	41.9	23.1	104068	89815	15.9
房山区	146124	141095	3.6	139.0	123.9	12.2	93544	85751	9.1
通州区	220558	215599	2.3	204.8	174.2	17.5	93541	80338	16.4
顺义区	444016	441341	0.6	519.2	471.4	10.2	116875	106745	9.5
昌平区	289060	273632	5.6	305.3	259.7	17.6	106637	95885	11.2
大兴区	496362	460699	7.7	541.0	469.6	15.2	110626	101488	9.0
怀柔区	89775	86637	3.6	97.5	83.4	16.9	108736	95051	14.4
平谷区	116024	118971	-2.5	93.3	81.6	14.4	78696	69672	13.0
密云区	96522	96794	-0.3	89.4	77.3	15.7	93014	80587	15.4
延庆区	67997	70139	-3.1	51.0	42.6	19.8	75463	61261	23.2

注：城镇单位是指不包括私营单位和个体工商户的独立核算法人单位。

3-14 年末实有登记失业人员

单位：人

各 区	2017	2016
全 市	**92157**	**91421**
东 城 区	4693	4623
西 城 区	6969	6600
朝 阳 区	8366	8499
丰 台 区	9496	10294
石景山区	4590	4688
海 淀 区	11000	11105
门头沟区	3730	3891
房 山 区	7587	7341
通 州 区	5830	5447
顺 义 区	4266	4018
昌 平 区	5215	4889
大 兴 区	9546	9778
怀 柔 区	2678	2648
平 谷 区	2743	2607
密 云 区	2595	2422
延 庆 区	2817	2530
北京经济技术开发区	36	41

资料来源：北京市人力资源和社会保障局。

3-15 地区生产总值(2017年)

单位：万元

各区	地区生产总值		第一产业		第二产业		第三产业	
	2017	增长速度(%)	2017	增长速度(%)	2017	增长速度(%)	2017	增长速度(%)
全　市	**280149435**	**6.7**	**1204252**	**-5.9**	**53267626**	**4.7**	**225677557**	**7.3**
东城区	22471758	6.3			825884	-2.8	21645874	6.7
西城区	39207218	6.5			3312876	6.8	35894342	6.5
朝阳区	56354784	6.6	12194	8.7	4227232	6.8	52115358	6.5
丰台区	14275390	6.5	7444	28.5	2816717	-2.8	11451229	9.0
石景山区	5353878	7.2			1560748	2.7	3793130	9.2
海淀区	59427871	7.3	15077	-13.7	6297004	1.9	53115790	7.9
门头沟区	1743988	7.0	10955	18.1	812305	7.9	920728	6.0
房山区	6816836	6.5	131140	-3.3	3978872	10.5	2706824	1.7
通州区	7580112	8.1	160772	-2.0	3597292	13.6	3822048	3.8
顺义区	17158727	6.3	183980	-6.6	6427047	-0.2	10547700	11.2
昌平区	8396720	8.5	77822	4.1	3139979	11.7	5178919	6.6
大兴区	6445617	7.1	168004	-12.8	2432187	1.3	3845426	12.3
怀柔区	2857990	7.6	65601	5.8	1627653	9.9	1164736	4.5
平谷区	2335531	4.2	157030	-11.9	954094	-1.6	1224407	12.1
密云区	2782407	7.1	141660	-11.3	1122291	1.0	1518456	14.6
延庆区	1361674	8.4	68294	-5.8	428434	13.8	864946	7.3
北京经济技术开发区	13664671	12.2			9008823	15.2	4655848	6.7

注：1. 本表行业（产业）划分执行《国民经济行业分类》（GB/T 4754-2011）标准（下表同）。
2. 全市增长速度和各区增长速度均为可比价速度(下表同)。
3. 地区生产总值各区合计数不等于全市是由于各区的数据中扣除了划归市一级核算部分。

3–15 续表1

单位：万元

各区	地区生产总值按行业分							
	农林牧渔业		工业		建筑业		批发和零售业	
	2017	增长速度(%)	2017	增长速度(%)	2017	增长速度(%)	2017	增长速度(%)
全市	**1228202**	**-5.8**	**42740027**	**5.4**	**11407598**	**1.5**	**24868001**	**6.7**
东城区			397234	-5.0	428799	-0.6	2256127	5.1
西城区			2503924	7.1	808964	5.7	2755490	7.1
朝阳区	13020	7.9	3133125	7.2	1374244	5.8	10650537	5.6
丰台区	7832	26.6	1386160	1.0	1432327	-6.5	1168607	5.1
石景山区			820431	3.0	743273	2.4	245733	8.8
海淀区	16974	-12.7	4537379	10.3	1774301	-15.8	2964311	6.5
门头沟区	11195	17.6	685346	9.4	129004	0.1	75151	9.7
房山区	134870	-3.3	3498376	11.5	504418	4.1	220783	6.6
通州区	163507	-2.0	2169879	2.8	1428564	37.2	490144	8.6
顺义区	188914	-6.5	6099253	-0.8	680312	6.1	672733	10.1
昌平区	79872	3.9	3021047	13.2	307765	-1.6	246336	4.6
大兴区	170442	-12.7	1924373	1.5	509341	0.1	376458	11.0
怀柔区	65841	5.8	1385380	8.6	243858	18.3	52560	5.1
平谷区	157614	-11.8	672689	-1.5	282137	-2.0	73145	6.2
密云区	144041	-11.2	802382	-4.4	320633	19.5	83457	4.9
延庆区	69801	-5.8	281534	6.1	146958	34.2	44127	6.6
北京经济技术开发区			8711932	16.2	303801	-9.2	2491852	7.0

3-15 续表2

单位：万元

各区	地区生产总值按行业分							
	交通运输、仓储和邮政业		住宿和餐饮业		信息传输、软件和信息技术服务业		金融业	
	2017	增长速度(%)	2017	增长速度(%)	2017	增长速度(%)	2017	增长速度(%)
全市	**12084003**	**12.1**	**4138102**	**1.9**	**32290002**	**13.0**	**46553699**	**7.1**
东城区	443712	6.6	613449	2.2	2692617	12.4	5244898	5.8
西城区	911930	8.1	454590	1.7	1507531	4.0	18079248	4.5
朝阳区	2761289	10.8	1101674	2.3	4047157	15.4	7065294	5.8
丰台区	511235	15.1	291719	4.4	608028	5.5	1709993	14.2
石景山区	87798	17.8	67767	4.4	951001	12.7	492962	18.1
海淀区	499424	14.8	732000	2.6	17763113	12.5	5601402	5.2
门头沟区	24864	25.6	20012	3.0	1423	3.9	112987	8.4
房山区	153535	10.9	58081	3.7	39118	8.8	289058	10.4
通州区	110319	27.4	84138	4.0	18189	3.2	554665	18.9
顺义区	5111916	19.0	152660	3.7	17276	20.0	1513427	9.8
昌平区	32465	1.5	183709	4.6	280479	2.7	546275	18.0
大兴区	187604	12.3	47969	1.6	28253	10.3	404994	22.5
怀柔区	38178	5.8	47183	1.6	8232	18.4	144579	2.7
平谷区	79178	20.3	33168	5.1	4878	6.1	107942	17.9
密云区	23223	15.2	47195	2.5	3446	11.2	134990	7.4
延庆区	150243	-3.2	22652	1.5	203	3.3	56638	6.5
北京经济技术开发区	323688	6.4	181300	1.6	446068	1.6	238734	6.0

3-15 续表3

单位：万元

各区	地区生产总值按行业分							
	房地产业		租赁与商务服务业		科学研究和技术服务业		水利、环境和公共设施管理业	
	2017	增长速度(%)	2017	增长速度(%)	2017	增长速度(%)	2017	增长速度(%)
全市	**17662003**	**-1.6**	**19355000**	**3.0**	**28591998**	**10.7**	**2259902**	**10.0**
东城区	1341109	-1.8	2177024	2.6	2441940	12.0	117917	14.2
西城区	1488115	2.3	2779073	3.9	2414870	16.7	197434	19.9
朝阳区	5118901	-3.9	9372567	6.1	5568162	12.3	471542	10.7
丰台区	1265041	0.3	1285432	8.4	2353320	13.0	169700	8.9
石景山区	350489	7.8	216313	14.5	440980	10.1	48858	3.1
海淀区	2563593	-1.4	1943827	3.0	9779445	9.0	512645	5.9
门头沟区	163254	2.6	34734	20.3	81412	4.1	12283	4.4
房山区	730187	-5.3	87799	3.7	262370	1.8	48561	3.5
通州区	984619	-3.2	88860	1.2	195770	1.0	85222	0.9
顺义区	835949	1.3	652606	9.6	359589	-6.6	61319	-10.8
昌平区	1015045	2.5	268896	4.9	1086150	9.5	141917	9.6
大兴区	933278	5.2	144819	16.5	313946	15.9	63803	20.9
怀柔区	182709	-0.3	45154	0.04	67383	7.5	62064	8.3
平谷区	216558	8.2	37049	10.9	20139	-1.5	17952	16.5
密云区	291035	11.9	79255	2.0	58655	27.6	159172	33.5
延庆区	97783	5.5	13507	0.5	17128	23.6	74560	22.7
北京经济技术开发区	86963	-2.8	130830	-3.3	661788	14.6	23726	15.8

3-15 续表4

单位：万元

各区	地区生产总值按行业分									
	居民服务、修理和其他服务业		教育		卫生和社会工作		文化、体育和娱乐业		公共管理、社会保障和社会组织	
	2017	增长速度(%)	2017	增长速度(%)	2017	增长速度(%)	2017	增长速度(%)	2017	增长速度(%)
全市	**1713000**	**2.8**	**13347999**	**8.3**	**6960000**	**7.4**	**5980899**	**2.5**	**8969000**	**6.9**
东城区	110010	2.7	738807	17.1	957200	6.3	929095	1.4	1581820	9.6
西城区	152015	1.3	907725	13.3	1314310	13.4	995804	4.4	1936195	16.1
朝阳区	468055	4.4	1976942	8.9	1330930	7.9	798128	3.2	1103217	8.8
丰台区	179668	2.0	539878	9.8	447414	11.0	304361	4.7	614675	12.4
石景山区	67172	2.8	329808	7.3	169696	-4.3	148549	-6.5	173048	0.1
海淀区	285624	1.7	5695867	5.8	1280271	5.0	2494543	3.9	983152	6.1
门头沟区	27154	-4.1	87822	6.4	75487	0.1	15411	2.2	186449	7.0
房山区	37086	4.7	287152	1.7	171697	1.9	19091	-1.5	274654	1.1
通州区	68341	12.4	501638	0.3	284927	0.5	17499	7.9	333831	0.4
顺义区	75143	0.03	311039	-6.7	139560	-5.3	20185	-13.0	266846	2.7
昌平区	92501	-9.7	568884	6.6	215448	3.0	35795	5.5	274136	5.6
大兴区	51757	0.9	625491	17.4	201933	13.5	35796	5.1	425360	12.3
怀柔区	17383	-0.1	147239	7.8	77689	6.2	108972	1.3	163586	9.4
平谷区	27436	21.1	219002	16.6	132052	13.9	22174	5.7	232418	10.1
密云区	23993	10.5	241735	18.8	88302	12.4	9589	-3.4	271304	18.1
延庆区	10760	-4.2	144630	15.6	58868	13.9	24360	0.6	147922	6.4
北京经济技术开发区	18686	-8.4	23486	9.7	14116	9.3	1590	4.0	6111	11.5

3-16 一般公共

各 区	2017	2016	增长速度(%)	#税收收入			#增值税		
				2017	2016	增长速度(%)	2017	2016	增长速度(%)
全 市	**54307875**	**50812595**	**6.9**	**46766807**	**44529722**	**5.0**	**16719016**	**12143392**	**37.7**
东城区	1721743	1663420	3.5	1627943	1437743	13.2	455022	429765	5.9
西城区	4221153	4138061	2.0	3954287	3766561	5.0	1342584	825161	62.7
朝阳区	5081671	4771349	6.5	4599581	4277113	7.5	1562037	1193192	30.9
丰台区	1131147	1045914	8.1	1019664	923194	10.4	394550	262987	50.0
石景山区	564436	520719	8.4	489786	476084	2.9	225213	146818	53.4
海淀区	4169245	3861083	8.0	3816168	3384186	12.8	1503460	1185366	26.8
门头沟区	296252	277859	6.6	209274	219099	-4.5	91109	64816	40.6
房山区	602470	537030	12.2	466115	433099	7.6	231880	144201	60.8
通州区	792308	765068	3.6	731063	679809	7.5	284173	230691	23.2
顺义区	1488802	1378615	8.0	1164435	1164118	0.03	508607	349224	45.6
昌平区	843364	782766	7.7	714419	633902	12.7	294104	196601	49.6
大兴区	847148	777200	9.0	606677	598384	1.4	253778	175831	44.3
怀柔区	379793	356477	6.5	289405	274050	5.6	138304	95775	44.4
平谷区	296339	279458	6.0	203850	224551	-9.2	86260	70774	21.9
密云区	330388	311683	6.0	238254	205321	16.0	102909	67729	51.9
延庆区	161608	136080	18.8	112663	94689	19.0	41337	26749	54.5

资料来源：北京市财政局。

预算收入

单位：万元

#企业所得税			#土地增值税			#房产税		
2017	2016	增长速度(%)	2017	2016	增长速度(%)	2017	2016	增长速度(%)
12298016	**10952298**	**12.3**	**2889857**	**1773451**	**63.0**	**2731073**	**1982211**	**37.8**
455165	327396	39.0	223732	21603	935.7	260900	202643	28.7
1581425	1360080	16.3	60413	45377	33.1	407814	323393	26.1
1217975	1104391	10.3	288255	232934	23.7	885398	576661	53.5
206381	147624	39.8	98350	47710	106.1	146033	89572	63.0
109781	86150	27.4	25408	29873	-14.9	40179	29067	38.2
1077584	872379	23.5	161501	57157	182.6	425954	302332	40.9
47894	35528	34.8	23262	32310	-28.0	10262	8632	18.9
63641	63153	0.8	44057	34760	26.7	27725	27203	1.9
136261	94629	44.0	149531	85448	75.0	58611	43789	33.8
260743	285332	-8.6	93759	74494	25.9	138032	118450	16.5
148278	107801	37.5	56944	42416	34.3	97343	67538	44.1
106343	109808	-3.2	91535	67009	36.6	70740	52706	34.2
56971	50956	11.8	27648	36623	-24.5	22628	20254	11.7
34002	37805	-10.1	43965	34088	29.0	9632	12683	-24.1
38336	29271	31.0	29619	18007	64.5	25130	20835	20.6
39379	13542	190.8	3490	1138	206.7	6723	7588	-11.4

3-17 一般公共预算支出

单位：万元

各 区	2017	2016	增长速度(%)	一般公共预算支出中 #一般公共服务 2017	2016	增长速度(%)
全 市	**68245284**	**64067682**	**6.5**	**4932429**	**3671975**	**34.3**
东城区	2438281	2375385	2.6	227088	174361	30.2
西城区	4307720	4260851	1.1	250047	220407	13.4
朝阳区	5133786	4530253	13.3	211183	198182	6.6
丰台区	2274106	1941102	17.2	246075	159896	53.9
石景山区	986534	979702	0.7	84655	77738	8.9
海淀区	6190723	5773987	7.2	385009	348480	10.5
门头沟区	952050	875165	8.8	97695	76623	27.5
房山区	2177075	2241952	-2.9	220084	164507	33.8
通州区	3206504	3384407	-5.3	169536	133080	27.4
顺义区	2431006	2390927	1.7	219484	220946	-0.7
昌平区	1846993	1602883	15.2	132026	117556	12.3
大兴区	2290216	2394469	-4.4	174677	144617	20.8
怀柔区	1351031	1074411	25.7	131856	103663	27.2
平谷区	1311741	1212345	8.2	113740	102781	10.7
密云区	1509179	1135066	33.0	133767	102054	31.1
延庆区	1215872	924701	31.5	94489	68635	37.7

资料来源：北京市财政局。

3-17 续表1

单位：万元

各区	一般公共预算支出中					
	#社会保障和就业			#科学技术		
	2017	2016	增长速度(%)	2017	2016	增长速度(%)
全市	**7953805**	**7162056**	**11.1**	**3617581**	**2857786**	**26.6**
东城区	413503	475351	-13.0	19378	15045	28.8
西城区	621852	578422	7.5	32579	27859	16.9
朝阳区	1462034	1141269	28.1	100125	93078	7.6
丰台区	514906	485298	6.1	47102	48320	-2.5
石景山区	181059	169214	7.0	11683	16721	-30.1
海淀区	1010408	831616	21.5	260187	96453	169.8
门头沟区	134254	112694	19.1	3588	2888	24.2
房山区	291843	200563	45.5	8668	7054	22.9
通州区	265551	477577	-44.4	21626	21160	2.2
顺义区	213014	331729	-35.8	8502	8074	5.3
昌平区	265277	182601	45.3	33454	31067	7.7
大兴区	294350	228106	29.0	6042	4169	44.9
怀柔区	106358	104607	1.7	29568	7142	314.0
平谷区	200105	153291	30.5	10128	9922	2.1
密云区	184674	173739	6.3	29778	25688	15.9
延庆区	115218	133686	-13.8	2145	2561	-16.2

3-17 续表2

单位：万元

各区	一般公共预算支出中					
	#教育			#医疗卫生与计划生育		
	2017	2016	增长速度(%)	2017	2016	增长速度(%)
全　市	**9646184**	**8873754**	**8.7**	**4278670**	**3979528**	**7.5**
东城区	635778	497758	27.7	163876	137922	18.8
西城区	590134	556252	6.1	316554	278420	13.7
朝阳区	967975	885723	9.3	434904	409429	6.2
丰台区	376731	335153	12.4	122116	89514	36.4
石景山区	163417	166035	-1.6	58848	50254	17.1
海淀区	1049073	962349	9.0	256564	215301	19.2
门头沟区	165578	144792	14.4	53264	53310	-0.1
房山区	389072	347528	12.0	130920	118414	10.6
通州区	362920	314812	15.3	228528	168177	35.9
顺义区	395804	324572	21.9	191266	217070	-11.9
昌平区	351792	316503	11.1	122624	124204	-1.3
大兴区	396903	327324	21.3	151957	139198	9.2
怀柔区	189203	171102	10.6	101321	81144	24.9
平谷区	205419	199794	2.8	67581	64985	4.0
密云区	209387	190040	10.2	116465	99570	17.0
延庆区	238158	156590	52.1	60996	58038	5.1

3-17 续表3

单位：万元

各区	一般公共预算支出中					
	#节能环保			#交通运输		
	2017	2016	增长速度(%)	2017	2016	增长速度(%)
全市	**4584403**	**3633771**	**26.2**	**4464768**	**3534814**	**26.3**
东城区	41864	39523	5.9	29517	10000	195.2
西城区	44516	54595	-18.5	90		
朝阳区	181000	178821	1.2	1349		
丰台区	124440	225002	-44.7	2100		
石景山区	31794	39497	-19.5	260		
海淀区	521071	213368	144.2	107		
门头沟区	46145	48734	-5.3	7027	10591	-33.7
房山区	267561	313340	-14.6	36269	24619	47.3
通州区	578189	348318	66.0	37173	28668	29.7
顺义区	224662	169920	32.2	37319	32965	13.2
昌平区	200112	77127	159.5	24424	24189	1.0
大兴区	135894	109929	23.6	7604	72739	-89.5
怀柔区	68752	60725	13.2	10478	11496	-8.9
平谷区	116413	98738	17.9	125051	39407	217.3
密云区	141447	97504	45.1	16593	14387	15.3
延庆区	63037	47461	32.8	16329	14500	12.6

3-17 续表4

单位：万元

各　区	一般公共预算支出中					
	#农林水事务			#城乡社区事务		
	2017	2016	增长速度(%)	2017	2016	增长速度(%)
全　　市	**5183464**	**4435458**	**16.9**	**10341398**	**11203703**	**-7.7**
东 城 区	8721	1273	585.1	570790	735194	-22.4
西 城 区	2871	3009	-4.6	1775298	1389242	27.8
朝 阳 区	394367	363455	8.5	572359	507230	12.8
丰 台 区	131134	76330	71.8	356876	266140	34.1
石景山区	39089	49539	-21.1	224449	241902	-7.2
海 淀 区	121120	207770	-41.7	1509555	1522827	-0.9
门头沟区	116463	115033	1.2	147330	129165	14.1
房 山 区	284016	416404	-31.8	221921	374496	-40.7
通 州 区	681750	426300	59.9	526251	1096969	-52.0
顺 义 区	377896	295795	27.8	319130	310872	2.7
昌 平 区	245930	208729	17.8	170822	178740	-4.4
大 兴 区	307435	329060	-6.6	552373	417403	32.3
怀 柔 区	206343	151452	36.2	294995	192154	53.5
平 谷 区	174851	157849	10.8	105841	199781	-47.0
密 云 区	267406	237621	12.5	235581	60981	286.3
延 庆 区	260388	189478	37.4	201880	128473	57.1

3-18　税费收入情况(2017年)

单位：万元

各　区	各项税费收入	#交通运输仓储及邮政业	#信息传输、软件和信息技术服务业	#房地产业	#租赁和商务服务业	#居民服务、修理和其他服务业	#文化体育和娱乐业
全　市	**36831403**	**524836**	**1919513**	**9380372**	**4359843**	**2453147**	**725122**
东 城 区	3510852	40031	56768	1176275	692206	100705	125803
西 城 区	5024531	21512	147613	687498	535945	442167	128672
朝 阳 区	8173152	91285	267563	2051112	1440705	1014811	196757
丰 台 区	1747063	28879	20000	614354	159359	12321	19340
石景山区	984496	9712	55531	282947	132875	4383	21188
海 淀 区	7875030	65651	1277637	981034	710748	430451	140280
门头沟区	410896	499	4253	225194	34442	23974	2189
房 山 区	627757	3731	2001	337325	50182	11796	4543
通 州 区	1341378	9195	6174	764890	61093	39738	17891
顺 义 区	1536274	208293	7182	450868	97692	47663	5200
昌 平 区	1265259	4718	19297	555776	75592	51530	17709
大 兴 区	1106401	18392	5546	509505	74452	63500	8283
怀 柔 区	475811	2817	1521	148435	42997	36813	26811
平 谷 区	346587	7059	2563	165240	38146	12464	1842
密 云 区	375703	2349	5618	159014	39071	11358	3823
延 庆 区	222005	890	569	33815	112182	9448	1770
北京经济技术开发区	1574013	5787	39377	233106	61473	32664	2968
燕　　山	149639	351	286	3615	657	84	19
其　　他	84556	3685	14	369	26	107277	34

注：1.本表数据为北京地区全部单位及自然人向地方税务局上缴的税费合计。

2.其他指代征的部分行政收费及基金预算收入。

资料来源：国家税务总局北京市税务局。

3-19 全社会固定资产投资

单位：亿元

各 区	全社会固定资产投资			#房地产开发投资			#基础设施投资		
	2017	2016	增长速度(%)	2017	2016	增长速度(%)	2017	2016	增长速度(%)
全 市	**8948.1**	**8461.7**	**5.7**	**3745.9**	**4045.4**	**-7.4**	**2984.2**	**2399.5**	**24.4**
东城区	284.7	264.6	7.6	46.0	53.0	-13.2	120.1	146.3	-17.9
西城区	296.8	252.7	17.4	132.9	58.9	125.5	108.4	75.6	43.4
朝阳区	1356.1	1257.9	7.8	815.8	666.4	22.4	470.8	431.0	9.2
丰台区	983.5	960.9	2.4	405.0	648.2	-37.5	240.1	187.2	28.3
石景山区	271.0	225.6	20.1	186.1	140.8	32.2	44.3	54.3	-18.4
海淀区	1005.7	872.5	15.3	289.3	271.7	6.4	312.7	358.2	-12.7
门头沟区	380.2	338.3	12.4	246.2	227.4	8.3	88.3	76.2	15.8
房山区	547.9	536.9	2.1	250.8	259.6	-3.4	182.3	125.3	45.4
通州区	1054.5	939.9	12.2	295.9	349.0	-15.2	383.8	201.4	90.5
顺义区	516.2	485.0	6.4	210.3	268.8	-21.7	168.2	107.5	56.5
昌平区	546.3	594.5	-8.1	339.1	382.4	-11.3	135.9	113.0	20.3
大兴区	818.7	827.3	-1.0	282.8	403.2	-29.9	410.6	303.1	35.5
怀柔区	141.6	121.1	16.9	34.4	45.2	-23.8	51.0	38.6	32.0
平谷区	101.4	164.7	-38.4	34.7	93.4	-62.9	37.7	26.3	42.9
密云区	130.9	126.0	3.9	39.3	47.1	-16.7	63.9	52.2	22.3
延庆区	154.1	107.2	43.7	17.2	23.5	-26.7	123.2	74.1	66.4
北京经济技术开发区	358.5	386.7	-7.3	120.0	106.9	12.2	43.0	29.1	47.5

注：本资料按项目所在建设地地址划分。

3-20 房屋建筑施工及竣工面积

单位：万平方米

各　区	施工面积			竣工面积		
	2017	2016	增长速度(%)	2017	2016	增长速度(%)
全　市	**21512.7**	**22721.4**	**-5.3**	**2671.1**	**3594.0**	**-25.7**
东城区	204.2	193.1	5.7	38.0	7.6	396.9
西城区	172.1	149.0	15.5	36.2	30.3	19.6
朝阳区	3095.9	3275.8	-5.5	399.2	496.4	-19.6
丰台区	1793.4	1887.3	-5.0	296.2	217.7	36.1
石景山区	429.7	419.4	2.4	62.3	109.5	-43.1
海淀区	1817.5	1967.4	-7.6	244.9	220.5	11.1
门头沟区	782.5	874.9	-10.6	66.4	105.0	-36.8
房山区	1810.8	1509.7	19.9	287.4	282.8	1.6
通州区	4643.5	4639.9	0.1	155.7	396.1	-60.7
顺义区	1587.7	1643.5	-3.4	190.0	258.7	-26.6
昌平区	1654.4	2040.6	-18.9	215.9	594.0	-63.7
大兴区	1453.7	1791.3	-18.8	185.5	309.1	-40.0
怀柔区	305.5	329.7	-7.3	51.2	76.1	-32.8
平谷区	341.5	368.6	-7.3	110.4	116.8	-5.6
密云区	314.9	326.4	-3.5	95.0	83.3	14.0
延庆区	181.7	153.5	18.4	39.0	40.8	-4.3
北京经济技术开发区	923.8	1151.2	-19.8	197.9	249.4	-20.6

3–21 商品房基本情况

单位：万平方米

各区	房屋施工面积			房屋竣工面积		
	2017	2016	增长速度(%)	2017	2016	增长速度(%)
全 市	**12608.6**	**13089.8**	**-3.7**	**1466.7**	**2383.1**	**-38.5**
东城区	154.9	137.9	12.4	33.8	0.7	4973.4
西城区	117.7	81.0	45.4	29.4	15.5	89.4
朝阳区	2158.0	2034.4	6.1	236.5	277.6	-14.8
丰台区	1523.0	1470.2	3.6	245.1	214.7	14.1
石景山区	383.1	353.5	8.4	61.2	108.7	-43.7
海淀区	1109.2	1062.1	4.4	134.8	118.8	13.5
门头沟区	419.4	470.0	-10.8	61.3	84.7	-27.5
房山区	779.5	880.2	-11.4	160.2	219.4	-27.0
通州区	1456.7	1563.1	-6.8	110.2	326.1	-66.2
顺义区	1108.3	1220.9	-9.2	105.1	158.1	-33.5
昌平区	1114.7	1332.3	-16.3	74.1	366.6	-79.8
大兴区	1084.2	1214.3	-10.7	86.2	225.9	-61.9
怀柔区	151.7	157.8	-3.8	9.5	29.3	-67.5
平谷区	217.0	277.6	-21.8	21.8	68.5	-68.1
密云区	248.0	262.2	-5.5	41.9	46.3	-9.7
延庆区	103.1	81.2	26.9	4.9		
北京经济技术开发区	480.0	491.3	-2.3	50.7	122.3	-58.5

3-21 续表

单位：万平方米

各 区	商品房销售面积			#住宅销售面积		
	2017	2016	增长速度(%)	2017	2016	增长速度(%)
全 市	**875.0**	**1675.1**	**-47.8**	**612.8**	**993.5**	**-38.3**
东城区	7.0	6.6	5.2	4.1	5.3	-22.5
西城区	3.7	12.4	-70.2	3.1	3.0	3.1
朝阳区	102.5	162.4	-36.9	77.5	96.6	-19.8
丰台区	102.2	142.3	-28.1	76.0	106.4	-28.6
石景山区	75.0	55.7	34.7	55.4	17.4	218.3
海淀区	31.8	61.2	-48.1	21.8	39.9	-45.3
门头沟区	33.1	91.2	-63.7	23.7	55.9	-57.6
房山区	63.8	180.5	-64.7	40.0	120.6	-66.9
通州区	58.7	196.3	-70.1	28.9	89.5	-67.7
顺义区	78.3	201.6	-61.1	64.2	128.3	-50.0
昌平区	110.0	159.8	-31.1	89.0	121.9	-27.0
大兴区	89.9	203.0	-55.7	33.5	76.7	-56.3
怀柔区	16.4	17.9	-8.3	15.3	17.0	-9.9
平谷区	21.6	76.9	-71.9	15.8	45.0	-64.9
密云区	38.4	42.6	-10.0	33.4	41.7	-19.9
延庆区	19.2	15.9	20.5	19.0	10.1	87.3
北京经济技术开发区	23.5	48.8	-51.9	12.2	18.1	-32.8

注：销售面积为期房与现房销售面积之和。

3-22 保障性住房基本情况

单位：万平方米

各 区	保障性住房施工面积			保障性住房竣工面积		
	2017	2016	增长速度(%)	2017	2016	增长速度(%)
全 市	**4277.5**	**3952.4**	**8.2**	**351.7**	**663.9**	**-47.0**
东城区	33.7	27.6	21.9			
西城区	10.3	10.3	持平			
朝阳区	636.6	496.2	28.3	43.7	83.3	-47.6
丰台区	721.7	732.8	-1.5	137.6	130.3	5.6
石景山区	153.7	104.0	47.8	31.8	6.6	384.0
海淀区	604.9	569.2	6.3	54.0	42.0	28.7
门头沟区	54.8	43.5	26.2		5.5	
房山区	264.5	268.7	-1.5	33.3	68.4	-51.3
通州区	346.5	300.7	15.2	8.7	29.2	-70.2
顺义区	353.1	313.6	12.6	17.0	77.2	-78.0
昌平区	369.2	408.1	-9.5	10.0	98.8	-89.9
大兴区	537.9	483.5	11.3		67.9	
怀柔区	58.5	59.9	-2.3		19.6	
平谷区	14.6	17.6	-17.1	2.8		
密云区	38.3	16.9	126.7	7.9	4.6	73.2
延庆区	64.7	54.7	18.1	4.9		
北京经济技术开发区	14.5	45.1	-67.8		30.5	

3-23 能源消费基本情况

各　区	能源消费总量(万吨标准煤)		万元地区生产总值能耗下降率(%)	
	2017	2016	2017	2016
全　市	**7132.8**	**6961.7**	**4.01**	**4.87**
东城区	299.8	292.8	3.69	5.60
西城区	394.5	390.4	5.14	4.95
朝阳区	886.1	874.4	4.90	4.14
丰台区	453.4	445.1	4.29	4.64
石景山区	124.5	127.9	9.19	9.67
海淀区	739.6	725.7	4.99	5.97
门头沟区	61.8	65.5	11.82	7.40
房山区	797.7	766.6	2.26	15.51
通州区	292.4	300.2	9.88	7.67
顺义区	1265.1	1197.7	0.60	1.25
昌平区	351.9	346.4	6.36	6.31
大兴区	290.2	292.9	7.44	6.43
怀柔区	112.4	107.6	2.86	9.34
平谷区	115.0	117.2	5.84	5.99
密云区	122.6	122.3	6.39	5.96
延庆区	66.6	67.3	8.82	5.74
北京经济技术开发区	180.5	175.0	8.02	1.00

注：1.万元地区生产总值能耗下降率按可比价计算。

2.根据有关核算原则，在进行能源核算时，对部分无法进行各区分解的数据，由市统计局统一核算，故表中各区及北京经济技术开发区能源消费量之和不等于全市能源消费量。

3-24 全社会用电量情况(2017年)

单位：万千瓦时

各　区	合 计	第一产业	第二产业	第三产业	居民生活
全　市	**9680144**	**199494**	**2333519**	**4966648**	**2180483**
东 城 区	481400		14376	355116	111909
西 城 区	539246		21564	392496	125186
朝 阳 区	1779972	4103	205581	1153212	417076
丰 台 区	827775	3733	118766	485374	219902
石景山区	184926	228	32571	103123	49004
海 淀 区	1386666	13598	121001	956554	295513
门头沟区	106994	1581	26715	42677	36021
房 山 区	640831	28608	373511	124060	114652
通 州 区	606176	30416	199893	199413	176454
顺 义 区	660480	30355	257919	240988	131218
昌 平 区	698756	20482	168006	326261	184007
大 兴 区	580676	29980	184765	223894	142037
怀 柔 区	190064	8284	79739	61968	40074
平 谷 区	155076	14210	59687	37225	43954
密 云 区	189659	7834	80339	55179	46307
延 庆 区	99581	6082	14634	55994	22870
北京经济技术开发区	551865		374452	153115	24298

注：由于线损和区域电厂实行集中管理，此表全市及各区未统计线损电量和电厂厂用电量。

资料来源：北京市电力公司。

3–25 农村基本情况

各区	乡镇及行政村常住户数（万户）			乡镇及行政村常住人口（万人）			乡镇及行政村从业人员（万人）			乡镇及行政村农林牧渔业从业人员（万人）		
	2017	2016	增长速度(%)	2017	2016	增长速度(%)	2017	2016	增长速度(%)	2017	2016	增长速度(%)
全　市	**216.7**	**232.6**	**-6.9**	**566.6**	**612.6**	**-7.5**	**352.2**	**385.9**	**-8.7**	**48.3**	**51.2**	**-5.6**
朝阳区	24.8	30.4	-18.4	57.1	71.4	-20.0	38.4	47.8	-19.6	0.2	0.3	-32.6
丰台区	11.3	12.4	-8.5	28.7	31.6	-9.2	17.5	19.1	-8.1	0.6	0.6	-0.3
海淀区	14.7	15.6	-6.1	38.1	45.7	-16.7	23.8	30.1	-21.1	0.9	1.0	-9.9
门头沟区	3.4	3.5	-2.4	7.1	7.3	-3.1	3.6	3.9	-8.3	0.7	0.7	-3.6
房山区	20.5	21.6	-5.0	59.1	62.6	-5.4	31.5	32.8	-3.9	6.1	6.6	-7.7
通州区	28.6	29.7	-3.9	77.5	82.2	-5.8	40.1	43.5	-8.0	3.6	4.2	-13.9
顺义区	23.1	23.0	0.2	61.4	60.4	1.7	37.1	36.8	0.7	3.2	3.4	-6.0
昌平区	34.8	38.7	-10.0	83.7	89.5	-6.5	63.2	68.6	-7.8	2.7	2.8	-1.9
大兴区	15.5	17.5	-11.6	49.3	57.5	-14.3	30.5	36.3	-15.9	5.5	6.1	-9.7
怀柔区	9.1	9.2	-1.0	22.2	22.6	-2.1	13.9	14.4	-3.1	3.8	4.1	-7.4
平谷区	10.9	10.9	-0.2	33.7	33.2	1.7	20.6	20.5	0.3	7.6	7.6	-0.8
密云区	11.7	11.9	-1.8	28.4	28.3	0.3	19.9	20.0	-0.7	9.1	9.2	-1.7
延庆区	8.3	8.2	1.6	20.3	20.2	0.2	12.2	12.2	0.5	4.3	4.5	-4.1

3-25 续表

各　区	农业机械总动力（万千瓦）			化肥施用量（折纯量）（吨）			农村用电量（万千瓦小时）		
	2017	2016	增长速度(%)	2017	2016	增长速度(%)	2017	2016	增长速度(%)
全　市	**133.5**	**144.4**	**-7.6**	**85493.7**	**96529.7**	**-11.4**	**615077.9**	**547099.3**	**12.4**
朝阳区	0.4	0.5	-29.4	283.0	292.8	-3.3	74643.8	75491.7	-1.1
丰台区	1.7	1.7	1.2	63.2	97.2	-35.0	57856.2	48681.7	18.8
海淀区	1.3	1.2	5.3	980.4	1103.8	-11.2	30971.3	35103.1	-11.8
门头沟区	1.2	1.2	0.2	275.8	150.3	83.5	12199.8	10090.5	20.9
房山区	10.7	15.0	-28.6	8195.0	8764.8	-6.5	60998.1	54472.7	12.0
通州区	13.1	13.4	-2.4	17555.8	20376.8	-13.8	89761.3	83708.6	7.2
顺义区	22.3	23.1	-3.9	14901.5	16461.5	-9.5	67262.0	48292.7	39.3
昌平区	4.7	6.7	-30.1	2022.1	2186.3	-7.5	72569.8	65185.0	11.3
大兴区	15.7	17.5	-10.4	16071.5	19414.2	-17.2	37871.9	34354.4	10.2
怀柔区	12.5	12.3	2.3	3065.6	3735.8	-17.9	24311.5	21706.9	12.0
平谷区	15.6	15.4	1.5	7259.1	7970.1	-8.9	41298.2	33308.5	24.0
密云区	14.2	14.8	-3.6	5712.6	6200.9	-7.9	28868.4	23406.4	23.3
延庆区	11.0	12.1	-8.9	9108.1	9775.2	-6.8	16465.6	13297.1	23.8

注：全市农业机械总动力包含首农集团未分配到各区的农机具数据，故分区数据相加不等于全市。
资料来源：农业机械总动力为北京市农业农村局提供。

3–26 农林牧渔业总产值

单位：万元

各区	农林牧渔业总产值			农业			林业		
	2017	2016	增长速度(%)	2017	2016	增长速度(%)	2017	2016	增长速度(%)
全市	**3083174.7**	**3380635.1**	**-8.8**	**1298303.6**	**1452011.5**	**-10.6**	**588230.8**	**522090.4**	**12.7**
朝阳区	33280.2	31935.1	4.2	4968.7	5287.9	-6.0	22926.0	20174.8	13.6
丰台区	20797.0	17012.3	22.2	8839.8	8015.9	10.3	9797.0	6734.7	45.5
海淀区	43711.1	51718.7	-15.5	15463.6	17985.5	-14.0	15134.4	18167.0	-16.7
门头沟区	26982.1	24925.8	8.2	8900.4	9423.5	-5.6	13146.7	8150.9	61.3
房山区	357000.7	382035.3	-6.6	164106.9	180407.7	-9.0	59906.7	54470.4	10.0
通州区	408018.4	424141.3	-3.8	184545.6	219283.6	-15.8	75726.1	57409.0	31.9
顺义区	483405.8	534110.6	-9.5	177824.6	178925.3	-0.6	84212.2	92232.5	-8.7
昌平区	203273.4	206738.1	-1.7	80585.9	73178.9	10.1	52787.4	46353.2	13.9
大兴区	408028.1	488174.9	-16.4	202432.2	239758.9	-15.6	91506.9	85222.1	7.4
怀柔区	154252.5	152464.1	1.2	44509.8	48602.6	-8.4	62919.6	43214.2	45.6
平谷区	398083.6	449870.9	-11.5	194022.1	224821.3	-13.7	21613.4	15827.2	36.6
密云区	357788.7	408905.3	-12.5	161221.4	189606.0	-15.0	48071.0	46831.7	2.6
延庆区	176831.0	193145.7	-8.4	50882.6	56714.4	-10.3	30483.4	27302.7	11.6

注：全市渔业产值含远洋捕捞，各区不包括远洋捕捞数据，故分区数据相加不等于全市。

3-26 续表

单位：万元

各区	农林牧渔业总产值								
	牧业			渔业			农林牧渔服务业		
	2017	2016	增长速度(%)	2017	2016	增长速度(%)	2017	2016	增长速度(%)
全市	**1013709.4**	**1226873.9**	**-17.4**	**96072.6**	**92269.0**	**4.1**	**86858.3**	**87390.3**	**-0.6**
朝阳区	283.3	161.2	75.7	2097.9	3286.9	-36.2	3004.3	3024.3	-0.7
丰台区	745.1	846.6	-12.0				1415.1	1415.1	持平
海淀区	6180.1	8528.6	-27.5	33.0	82.6	-60.0	6900.0	6955.0	-0.8
门头沟区	4057.5	6468.9	-37.3				877.5	882.5	-0.6
房山区	112896.7	126487.2	-10.7	6705.4	7184.0	-6.7	13385.0	13486.0	-0.7
通州区	111046.3	119945.7	-7.4	26809.2	17553.8	52.7	9891.2	9949.2	-0.6
顺义区	191268.3	233274.6	-18.0	12188.9	11690.4	4.3	17911.8	17987.8	-0.4
昌平区	60711.4	77927.1	-22.1	1677.6	1737.8	-3.5	7511.1	7541.1	-0.4
大兴区	103842.3	151387.1	-31.4	1380.4	2875.5	-52.0	8866.3	8931.3	-0.7
怀柔区	38601.8	51881.2	-25.6	7346.4	7884.2	-6.8	874.9	881.9	-0.8
平谷区	165140.7	195278.5	-15.4	15296.7	11933.2	28.2	2010.7	2010.7	持平
密云区	131354.6	154308.0	-14.9	8473.7	9411.6	-10.0	8668.0	8748.0	-0.9
延庆区	87581.3	100379.2	-12.7	2341.3	3172.0	-26.2	5542.4	5577.4	-0.6

3-27 农作物播种面积

单位：公顷

各区	农作物播种面积			#粮食作物			#蔬菜及食用菌		
	2017	2016	增长速度(%)	2017	2016	增长速度(%)	2017	2016	增长速度(%)
全市	**125907**	**151404**	**-16.8**	**66844**	**87329**	**-23.5**	**41849**	**47450**	**-11.8**
朝阳区	247	314	-21.2	2	9	-82.1	205	256	-19.7
丰台区	214	230	-6.7	50	40	25.0	146	167	-12.2
海淀区	1091	1134	-3.8	411	479	-14.2	566	583	-3.0
门头沟区	1762	2083	-15.4	603	840	-28.2	83	84	-0.6
房山区	15097	16627	-9.2	9166	10746	-14.7	4435	4509	-1.6
通州区	13266	17686	-25.0	4452	7462	-40.3	8110	9361	-13.4
顺义区	20593	24242	-15.1	9954	13424	-25.8	5885	6496	-9.4
昌平区	3266	3723	-12.3	1306	1773	-26.4	992	1082	-8.3
大兴区	23445	31859	-26.4	7405	12968	-42.9	13069	14984	-12.8
怀柔区	6835	8102	-15.6	4426	6370	-30.5	759	841	-9.8
平谷区	9805	11780	-16.8	6921	7908	-12.5	2490	3573	-30.3
密云区	15403	16450	-6.4	10756	11705	-8.1	3442	3679	-6.4
延庆区	14883	17175	-13.3	11392	13604	-16.3	1666	1836	-9.2

3–28 主要农产品产量

单位：吨

各 区	粮 食			蔬菜及食用菌			禽 蛋		
	2017	2016	增长速度(%)	2017	2016	增长速度(%)	2017	2016	增长速度(%)
全 市	**411237**	**536917**	**-23.4**	**1568184**	**1835771**	**-14.6**	**156847**	**183334**	**-14.4**
朝 阳 区	13	58	-78.4	4811	6263	-23.2			
丰 台 区	252	152	66.1	2926	4856	-39.8	342	360	-5.1
海 淀 区	2112	2669	-20.9	17035	19209	-11.3	165	157	5.0
门头沟区	968	1184	-18.2	3174	3707	-14.4	110	123	-11.3
房 山 区	48682	54699	-11.0	149470	155057	-3.6	8294	8549	-3.0
通 州 区	28307	47130	-39.9	352525	402989	-12.5	5008	6775	-26.1
顺 义 区	60967	82935	-26.5	259322	259403	-0.03	6876	8688	-20.9
昌 平 区	5685	7606	-25.3	37530	39392	-4.7	3372	3240	4.1
大 兴 区	55863	84287	-33.7	418603	539555	-22.4	5199	11573	-55.1
怀 柔 区	25961	37361	-30.5	20194	22521	-10.3	1601	1818	-11.9
平 谷 区	43454	45815	-5.2	88641	149040	-40.5	72650	85089	-14.6
密 云 区	69044	65190	5.9	155244	169626	-8.5	16080	19323	-16.8
延 庆 区	81862	99546	-17.8	58709	64152	-8.5	37150	37639	-1.3

注：全市粮食产量为抽样调查推算数据，故与各区数据合计数不等。

3–28 续表1

单位：吨

各 区	干鲜果品			#鲜 果			瓜类及草莓		
	2017	2016	增长速度(%)	2017	2016	增长速度(%)	2017	2016	增长速度(%)
全 市	**611471**	**660910**	**-7.5**	**572324**	**621793**	**-8.0**	**171690**	**167920**	**2.2**
朝阳区	607	382	59.0	607	382	59.0	43	64	-33.4
丰台区	766	863	-11.2	766	863	-11.2	24	22	7.6
海淀区	3767	4779	-21.2	3741	4766	-21.5	667	499	33.6
门头沟区	3268	3475	-5.9	3024	3096	-2.3	5	3	80.8
房山区	33804	29937	12.9	32865	28826	14.0	2662	3108	-14.3
通州区	38645	43442	-11.0	38541	43337	-11.1	5978	8081	-26.0
顺义区	49877	53899	-7.5	49660	53785	-7.7	56549	55375	2.1
昌平区	32743	31923	2.6	30505	29858	2.2	7211	6936	4.0
大兴区	59497	72844	-18.3	59490	72828	-18.3	94922	90160	5.3
怀柔区	23336	23405	-0.3	12850	14128	-9.0	470	491	-4.2
平谷区	285369	310143	-8.0	279983	304508	-8.1	1314	1406	-6.6
密云区	61703	65085	-5.2	44388	47459	-6.5	491	598	-18.0
延庆区	18089	20732	-12.8	15903	17957	-11.4	1355	1177	15.1

3-28 续表2

单位：吨

各 区	肉类			#猪牛羊肉			牛奶		
	2017	2016	增长速度(%)	2017	2016	增长速度(%)	2017	2016	增长速度(%)
全 市	**263925**	**303721**	**-13.1**	**217484**	**243659**	**-10.7**	**374213**	**456953**	**-18.1**
朝阳区	17	10	73.8	17	10	73.8	286	158	81.5
丰台区	130	118	9.8	125	114	9.3	36	109	-67.1
海淀区	1348	1932	-30.2	1326	1696	-21.8	1662	2536	-34.4
门头沟区	1515	2744	-44.8	483	808	-40.2	24	25	-4.1
房山区	35046	39000	-10.1	29617	32709	-9.5	35172	39851	-11.7
通州区	28616	30983	-7.6	23557	24931	-5.5	91082	88269	3.2
顺义区	60869	70635	-13.8	55722	65830	-15.4	45387	55184	-17.8
昌平区	9352	8799	6.3	8415	8200	2.6	24760	32387	-23.5
大兴区	31310	44683	-29.9	25470	34477	-26.1	63366	88989	-28.8
怀柔区	11834	15157	-21.9	9517	11035	-13.8	2825	20168	-86.0
平谷区	44077	44878	-1.8	35836	35652	0.5	2036	3461	-41.2
密云区	27149	30397	-10.7	18284	18463	-1.0	66599	78671	-15.3
延庆区	12660	14385	-12.0	9114	9735	-6.4	40979	47147	-13.1

3-28 续表3

单位：百枝、百盆

各区	鲜切花			盆栽花			盆栽观叶植物		
	2017	2016	增长速度(%)	2017	2016	增长速度(%)	2017	2016	增长速度(%)
全　市	**380947**	**368636**	**3.3**	**1420094**	**1284944**	**10.5**	**4326**	**9199**	**-53.0**
朝阳区								346	
丰台区				12000	16000	-25.0			
海淀区				3617	3850	-6.0	55	251	-78.1
门头沟区	2880				6000				
房山区	6610	3305	100.0	120135	136302	-11.9		400	
通州区	112840	103446	9.1	90223	110229	-18.1	1434	4432	-67.6
顺义区	62901	64019	-1.7	708685	505198	40.3	783	2733	-71.3
昌平区	84392	85639	-1.5	69074	35340	95.5	353	845	-58.3
大兴区	11126	22800	-51.2	369878	362016	2.2	1216	12	10033.3
怀柔区	1503	1889	-20.4	2192	21094	-89.6	60	69	-13.0
平谷区	19100	21990	-13.1	1225	829	47.8	40		
密云区	81	252	-67.8	479	66325	-99.3	311	10	3005.0
延庆区	79514	65297	21.8	42587	21762	95.7	75	101	-26.0

3-29 水产品产量

单位：吨

各　区	2017	2016	增长速度(%)
全　市	**45099**	**54288**	**-16.9**
朝阳区	312	521	-40.1
丰台区	10	10	持平
海淀区		341	
门头沟区			
房山区	2882	3211	-10.2
通州区	5701	6809	-16.3
顺义区	7164	6868	4.3
昌平区	916	943	-2.9
大兴区	861	1888	-54.4
怀柔区	2549	2731	-6.7
平谷区	10481	11100	-5.6
密云区	3604	4025	-10.5
延庆区	1618	2327	-30.5

注：全市合计数中含远洋捕捞数据(2017年为9001吨，2016年为13514吨)，分区数据不包括，故分区数据相加不等于全市。
资料来源：北京市农业农村局。

3-30 生猪饲养和产量情况(2017年)

各 区	年末生猪存栏 (头)	生猪出栏 (头)	猪肉产量 (吨)
全 市	**1121828**	**2420685**	**192182.1**
丰 台 区	776	1178	88.2
海 淀 区	3950	13515	1145.6
门头沟区	2703	4667	344.8
房 山 区	140343	339429	26257.3
通 州 区	112055	253176	20870.7
顺 义 区	368704	634944	50640.2
昌 平 区	48580	91535	6997.0
大 兴 区	58956	279298	22210.7
怀 柔 区	38440	95107	7725.4
平 谷 区	216101	413172	33168.5
密 云 区	64138	191340	14804.6
延 庆 区	67082	103324	7929.1

3-31 农业观光园情况

各 区	农业观光园个数(个)		高峰期从业人员(人)		接待人次(人次)		经营总收入(万元)	
	2017	2016	2017	2016	2017	2016	2017	2016
全 市	**1216**	**1258**	**39624**	**40349**	**21052828**	**22504746**	**299171.5**	**279770.9**
朝 阳 区	11	11	1460	1770	698364	1605401	50330.1	40337.1
丰 台 区	13	13	884	769	2650768	1718661	16346.9	9428.0
海 淀 区	66	56	2767	2729	356761	372894	6378.9	7179.7
门头沟区	66	61	902	805	398404	395704	3823.1	4433.8
房 山 区	72	97	2309	2435	1418350	1804875	14591.0	15071.7
通 州 区	62	56	2792	2836	1110975	1346770	29653.5	25073.4
顺 义 区	54	51	2239	2188	931715	909651	10167.3	10720.7
昌 平 区	199	209	6654	6748	1767992	1904970	36977.7	34544.1
大 兴 区	84	97	3066	3696	1261529	1543023	11989.8	13729.0
怀 柔 区	206	210	2324	2419	1984409	2214836	20805.5	20873.8
平 谷 区	194	210	8649	9039	3618729	4398069	30996.3	38594.0
密 云 区	143	144	4056	3658	3496794	3391012	58440.0	53096.9
延 庆 区	46	42	1522	1227	1358038	898180	8671.4	6665.7

注：2016年全市数中含石景山区数据，故分区数据相加不等于全市。

3-32 民俗旅游情况

各区	民俗旅游接待户数(户)		高峰期从业人员(人)		民俗旅游接待人次(人次)		民俗旅游总收入(万元)	
	2017	2016	2017	2016	2017	2016	2017	2016
全市	**8363**	**9026**	**22455**	**22215**	**22321317**	**22974198**	**142021.7**	**143540.6**
朝阳区	3	3	5	5	547	800	3.0	6.5
海淀区	20	26	56	45	40274	38798	250.8	257.4
门头沟区	436	463	1097	1144	658513	857041	4827.6	5669.8
房山区	1254	1324	2079	2176	1608497	1827490	8211.4	9451.3
通州区	76	77	53	115	33660	40116	679.8	1608.4
顺义区	32	32	205	164	140294	51540	619.3	802.8
昌平区	352	351	1655	1572	2560062	2412172	11002.4	10422.4
大兴区	74	96	594	627	395776	427940	1543.1	1737.0
怀柔区	1495	1585	4218	4226	2716473	2467082	21072.6	19142.4
平谷区	1374	1844	4688	4929	4345902	4704247	29241.5	31187.5
密云区	2157	2185	4580	4470	4841860	4933420	33402.8	31988.9
延庆区	1090	1040	3225	2742	4979459	5213552	31167.4	31266.2

注：民俗旅游接待户数为实际经营的户数。

3-33 设施农业生产情况(2017年)

各　区	设施农业播种面积(公顷)	设施农业总收入(万元)	#花卉苗木	设施农业产品产量 蔬菜及食用菌(吨)	瓜　果(吨)	园林水果(吨)
全　市	**35739.7**	**545042.3**	**42398.7**	**1096010**	**157904**	**6596**
朝阳区	137.7	2806.4		2781	43	
丰台区	170.4	7966.5	1100.0	2809	24	37
海淀区	498.7	6501.6	377.3	11689	667	51
门头沟区	26.8	2470.4		2454	5	2
房山区	3427.8	54697.9	2247.0	104053	434	106
通州区	7148.1	133226.9	8729.3	286179	4583	1495
顺义区	6232.3	78724.9	10798.6	203418	51336	892
昌平区	1085.6	46621.7	5640.3	25462	6619	91
大兴区	13216.6	127431.3	10052.9	330015	90660	1376
怀柔区	258.8	5205.4	63.0	5719	470	66
平谷区	1267.0	21284.0	572.5	36906	1310	1095
密云区	1504.9	42775.0	30.8	61064	491	1032
延庆区	764.8	15330.3	2787.2	23460	1263	353

3-34 种业发展情况(2017年)

各 区	种业收入 (万元)	#销往外埠收入 (万元)	种业产品产量 小麦种 (公斤)	玉米种 (公斤)	树 苗 (百株)	种 猪 (头)	种 羊 (只)	种雏禽 (万只)	种鱼苗 (万尾)
全 市	**127071.7**	**67382.8**	**1136500**	**406621**	**22624**	**139035**	**2006**	**2833.5**	**7368.2**
朝阳区	3211.1	64.0			18084				235.0
海淀区	1720.0	1661.9				7362			
门头沟区									
房山区	8285.5	1239.6	520000		302	3762		113.7	
通州区	2422.8	699.3	616500		105	4416			
顺义区	40150.6	21826.2				94289	2006	706.5	
昌平区	26409.9	16816.7			35	11906		376.3	64.9
大兴区	5629.9	4007.1				10349		9.7	
怀柔区	3358.4	2549.0			6	710		1005.2	5864.3
平谷区	15176.6	3650.9			260			534.8	
密云区	9506.6	7861.8		406621	71	3652			704.0
延庆区	11200.3	7006.3			3761	2589		87.4	500.0

3-35 乡镇企业主要经济指标(2017年)

各 区	企业个数 (个)	从业人员 (人)	总收入 (万元)	利润总额 (万元)	上缴税金 (万元)
全 市	**95555**	**688472**	**43842629**	**2321320**	**2011311**
朝阳区	193	16490	2166044	124411	117979
丰台区	305	35602	1264110	-4740	69786
海淀区	1792	31782	1134134	182287	116854
门头沟区	8184	16459	365943	46836	5438
房山区	15935	93814	4147314	285377	118898
通州区	8801	113812	7328988	288584	440104
顺义区	28127	203710	17658459	983046	717813
昌平区	2644	26946	1528402	17742	82607
大兴区	954	35457	3544167	170053	166985
怀柔区	8670	31865	1695357	133043	87687
平谷区	7866	40865	1368436	15912	43454
密云区	10593	34533	1390620	72828	37815
延庆区	1491	7137	250655	5941	5891

资料来源：北京市经济和信息化局。

3-36 乡镇个体、私营企业主要经济指标(2017年)

各 区	企业个数 (个)	从业人员 (人)	总收入 (万元)	利润总额 (万元)	上缴税金 (万元)
全 市	**81537**	**217441**	**4224591**	**449364**	**130219**
朝阳区					
丰台区					
海淀区	328	2710	67866	3923	1680
门头沟区	8122	14870	284125	44291	3362
房山区	15008	66999	1253768	197480	26344
通州区	5580	20765	184374	12989	8173
顺义区	22599	58265	1350189	79514	62622
昌平区	2312	2063	29739	5075	473
大兴区	663	4660	247913	5432	15366
怀柔区	8455	14676	320412	50113	6407
平谷区	6955	13411	34695	1828	568
密云区	10098	16036	401399	43941	4397
延庆区	1417	2986	50111	4778	827

资料来源：北京市经济和信息化局。

3-37 规模以上工业企业产值情况

单位：亿元

各区	工业总产值(当年价格)		#国有及国有控股	
	2017	2016	2017	2016
全市	**18901.1**	**18087.3**	**11162.8**	**10704.2**
东城区	200.2	195.9	84.5	67.7
西城区	1145.7	1096.0	805.6	755.6
朝阳区	715.4	816.3	416.3	414.0
丰台区	437.6	446.5	320.4	324.5
石景山区	222.4	213.5	188.3	178.4
海淀区	2387.6	2108.6	794.4	818.9
门头沟区	84.3	77.0	30.4	24.8
房山区	895.2	751.2	669.7	562.4
通州区	641.2	644.0	169.3	190.3
顺义区	2192.1	3008.6	1239.4	1771.7
昌平区	1099.1	891.2	634.7	509.1
大兴区	811.9	771.8	325.8	306.3
怀柔区	636.0	491.9	55.9	39.0
平谷区	189.0	246.8	10.2	6.9
密云区	305.8	331.8	112.9	132.8
延庆区	79.0	71.5	45.7	45.9
北京经济技术开发区	3424.9	2842.5	1825.7	1473.8

注：1. 本表统计范围为年主营业务收入2000万元及以上的法人工业企业（下表同）。

2. 国家电网公司、国网冀北电力有限公司的工业总产值(当年价格)、工业销售产值 (当年价格)由北京市统计局统一核算，故表中工业总产值(当年价格)、工业销售产值(当年价格)指标分区数据之和不等于全市。

3-37 续表1

单位：亿元

各 区	工业总产值					
	内 资		港澳台商投资企业		外商投资企业	
	2017	2016	2017	2016	2017	2016
全 市	**11592.6**	**10807.2**	**1907.5**	**1680.3**	**5400.9**	**5599.8**
东 城 区	189.9	171.4	5.8	5.8	4.4	18.7
西 城 区	819.5	770.8	324.8	322.2	1.3	3.0
朝 阳 区	534.9	635.5	62.0	77.5	118.5	103.2
丰 台 区	420.8	416.4	4.2	5.4	12.6	24.7
石景山区	180.3	173.6	1.2	2.1	40.9	37.9
海 淀 区	1316.2	1310.3	943.0	689.7	128.4	108.6
门头沟区	83.3	75.9	0.4	0.4	0.5	0.6
房 山 区	843.0	705.0	12.9	4.9	39.2	41.3
通 州 区	451.0	454.0	24.3	27.1	165.9	162.8
顺 义 区	636.9	628.9	51.3	60.5	1503.8	2319.2
昌 平 区	864.0	676.1	32.0	32.8	203.1	182.3
大 兴 区	599.5	568.7	56.6	64.2	155.9	139.0
怀 柔 区	211.0	183.8	14.8	13.7	410.2	294.5
平 谷 区	71.1	71.8	10.7	12.4	107.3	162.6
密 云 区	188.3	206.9	21.5	33.0	96.0	91.9
延 庆 区	68.5	61.5	5.0	5.2	5.5	4.8
北京经济技术开发区	680.6	614.6	336.9	323.3	2407.4	1904.6

3-37 续表2

单位：亿元

各区	工业总产值					
	#大型企业		#中型企业		#小型企业	
	2017	2016	2017	2016	2017	2016
全　市	**12299.9**	**11283.9**	**3447.4**	**3769.4**	**3085.3**	**2964.6**
东城区	61.8	45.6	126.3	132.3	11.8	17.6
西城区	1058.1	1003.3	48.7	46.0	36.4	44.9
朝阳区	263.1	263.6	208.8	324.4	241.5	225.9
丰台区	177.2	177.1	96.8	114.3	160.9	154.9
石景山区	109.5	96.7	61.3	63.2	51.6	53.7
海淀区	1419.2	1143.5	539.4	528.3	422.6	432.0
门头沟区	57.8	51.1	2.6	2.5	22.7	22.9
房山区	582.6	476.1	120.0	100.6	189.7	169.7
通州区	60.6	82.0	290.0	271.8	279.3	274.9
顺义区	1442.4	2203.0	383.7	369.4	348.4	425.6
昌平区	587.8	171.3	194.9	468.6	313.7	248.8
大兴区	189.9	140.5	298.0	325.2	315.7	300.2
怀柔区	356.6	228.7	116.5	120.7	161.1	141.1
平谷区	4.3	37.1	105.5	130.7	76.4	75.7
密云区	130.3	62.9	75.6	190.8	97.9	76.2
延庆区			54.3	53.3	23.9	17.1
北京经济技术开发区	2364.8	2019.4	725.0	527.3	331.6	283.4

注：2011年开始，企业大中小型划分标准执行国家统计局《关于统计上大中小微型企业划分办法》(国统字[2011]75号)。

3-37 续表3

单位：亿元

各　区	工业总产值			
	轻工业		重工业	
	2017	2016	2017	2016
全　市	**2924.1**	**2731.6**	**15977.0**	**15355.7**
东 城 区	145.5	141.4	54.6	54.5
西 城 区	66.4	79.4	1079.3	1016.5
朝 阳 区	174.1	152.8	541.2	663.5
丰 台 区	87.2	81.1	350.4	365.4
石景山区	3.1	3.9	219.4	209.6
海 淀 区	199.2	167.2	2188.3	1941.4
门头沟区	6.2	8.4	78.0	68.6
房 山 区	73.3	63.9	821.8	687.3
通 州 区	284.2	277.8	357.0	366.2
顺 义 区	339.9	353.2	1852.1	2655.4
昌 平 区	227.2	201.1	872.0	690.2
大 兴 区	341.4	281.1	470.5	490.7
怀 柔 区	161.9	151.6	474.1	340.3
平 谷 区	55.6	53.0	133.5	193.8
密 云 区	73.3	61.5	232.6	270.3
延 庆 区	20.6	18.7	58.4	52.8
北京经济技术开发区	664.9	635.5	2760.0	2207.0

3-37 续表4

单位：亿元

各 区	工业销售产值		#出口交货值	
	2017	2016	2017	2016
全 市	**18613.5**	**17837.5**	**1015.5**	**956.8**
东城区	191.3	191.2	1.5	4.0
西城区	1145.3	1095.5	3.6	4.6
朝阳区	697.7	813.8	17.1	27.0
丰台区	438.4	440.3	9.5	8.0
石景山区	223.0	213.3	5.5	5.6
海淀区	2287.3	2055.5	175.1	108.2
门头沟区	74.9	70.1	19.0	15.9
房山区	885.9	746.7	10.0	11.0
通州区	629.2	635.9	33.2	30.2
顺义区	2187.6	2988.4	148.2	214.5
昌平区	1089.7	877.6	58.2	46.6
大兴区	808.1	748.6	20.2	13.2
怀柔区	621.2	490.1	26.2	21.4
平谷区	190.6	245.6	4.9	6.6
密云区	304.5	330.9	19.2	24.5
延庆区	76.4	67.1	5.4	4.9
北京经济技术开发区	3328.7	2744.8	458.8	410.5

3-38 规模以上工业企业主要财务指标

单位：个

各区	企业单位个数		在2017年企业单位个数中				
	2017	2016	#大型	#中型	#小型	轻工业	重工业
全市	**3231**	**3340**	**135**	**532**	**2411**	**1123**	**2108**
东城区	30	31	2	8	19	18	12
西城区	47	52	8	8	28	15	32
朝阳区	245	261	8	39	190	75	170
丰台区	152	168	9	22	117	36	116
石景山区	40	41	3	11	23	7	33
海淀区	428	433	17	72	325	96	332
门头沟区	31	33	2	1	24	10	21
房山区	155	164	6	17	121	52	103
通州区	374	427	4	58	289	148	226
顺义区	356	346	18	57	259	125	231
昌平区	289	298	9	46	226	100	189
大兴区	339	346	12	44	266	160	179
怀柔区	164	170	4	23	133	73	91
平谷区	117	117	1	25	82	45	72
密云区	135	138	4	23	100	48	87
延庆区	41	39	0	11	28	15	26
北京经济技术开发区	288	276	28	67	181	100	188

注：1. 企业大中小型划分标准执行国家统计局《关于统计上大中小微型企业划分办法》（国统字[2011]75号）。
2. 应交税金合计主要包括应交增值税、应交所得税和税金及附加等。计算应交增值税时企业应交增值税为负数的按实际计算（下表同）。

3-38 续表1

单位：个

各　区	在2017年企业单位个数中			
	#国有及国有控股	内　资	港澳台商投资	外商投资
全　市	**664**	**2512**	**175**	**544**
东城区	12	27	1	2
西城区	31	43	2	2
朝阳区	88	197	19	29
丰台区	58	140	3	9
石景山区	16	32	3	5
海淀区	107	369	20	39
门头沟区	5	29	1	1
房山区	28	140	4	11
通州区	44	298	12	64
顺义区	55	224	21	111
昌平区	61	243	15	31
大兴区	53	298	11	30
怀柔区	18	119	12	33
平谷区	10	73	8	36
密云区	23	104	9	22
延庆区	9	34	1	6
北京经济技术开发区	46	142	33	113

3-38 续表2

单位：亿元

各区	资产总计		负债合计		所有者权益合计		营业收入	
	2017	2016	2017	2016	2017	2016	2017	2016
全市	**45985.8**	**43093.7**	**20671.0**	**19798.1**	**25211.5**	**23272.5**	**21181.0**	**20213.8**
东城区	237.5	220.3	106.8	91.2	130.6	129.1	220.7	223.7
西城区	18891.1	18034.3	6151.7	6380.9	12739.4	11653.4	4616.7	4227.0
朝阳区	1970.4	2117.0	956.8	1147.3	1012.6	967.5	836.4	942.3
丰台区	941.7	900.7	535.0	517.2	406.3	382.6	508.7	508.4
石景山区	3770.5	3062.1	2180.8	1725.3	1563.4	1336.8	462.5	372.8
海淀区	5065.8	4600.6	2553.6	2240.8	2480.7	2357.8	3116.1	2870.8
门头沟区	263.1	247.9	132.5	128.0	130.5	119.6	86.2	77.8
房山区	882.3	845.1	538.3	497.7	344.0	347.4	949.6	819.4
通州区	924.1	909.9	520.9	541.3	403.2	366.3	813.1	813.8
顺义区	3411.0	3291.1	2062.0	1815.6	1340.7	1474.8	2346.3	3123.2
昌平区	2252.5	1998.6	1116.6	1023.0	1136.0	975.0	1279.7	1069.9
大兴区	1408.9	1144.0	662.8	656.8	716.8	473.8	980.9	868.8
怀柔区	620.0	606.5	357.0	355.9	263.0	250.6	737.4	600.1
平谷区	253.3	257.8	155.5	160.5	97.8	97.0	233.1	300.4
密云区	473.2	465.8	265.0	271.2	207.9	194.6	346.6	381.7
延庆区	416.7	385.5	198.4	185.6	218.3	200.0	84.6	79.8
北京经济技术开发区	4203.6	4006.2	2177.4	2059.8	2020.3	1946.2	3562.4	2933.8

3-38 续表3

单位：亿元

各　区	主营业务收入		利润总额		利税总额	
	2017	2016	2017	2016	2017	2016
全　市	**20722.0**	**19747.0**	**2023.7**	**1608.3**	**2937.0**	**2521.6**
东 城 区	214.2	218.0	14.6	17.2	22.4	24.8
西 城 区	4597.8	4213.9	725.5	474.1	827.1	591.6
朝 阳 区	803.6	918.7	84.6	-2.2	127.9	29.9
丰 台 区	498.8	497.8	35.2	31.0	51.4	50.9
石景山区	448.3	362.7	-28.3	18.9	-10.1	33.1
海 淀 区	3054.6	2810.7	269.3	229.2	348.3	310.7
门头沟区	81.4	73.7	14.3	7.6	21.0	14.2
房 山 区	917.7	783.5	43.3	23.6	155.7	132.6
通 州 区	795.5	797.8	68.7	61.9	125.2	118.9
顺 义 区	2309.5	3074.8	110.3	196.4	218.6	350.3
昌 平 区	1215.5	1012.3	118.5	105.5	161.3	147.1
大 兴 区	926.0	817.5	65.8	62.1	100.0	93.2
怀 柔 区	722.3	584.7	32.0	34.4	55.4	59.7
平 谷 区	218.6	279.3	-0.7	10.3	6.5	19.7
密 云 区	332.7	362.8	12.8	11.6	25.7	26.2
延 庆 区	76.9	72.9	22.8	21.1	26.0	24.2
北京经济技术开发区	3508.6	2865.8	435.0	305.4	674.5	494.4

3-38 续表4

各区	应交税金合计(亿元)		#应交增值税(亿元)		平均用工人数(人)	
	2017	2016	2017	2016	2017	2016
全市	**1195.5**	**1195.7**	**568.6**	**566.7**	**995477**	**1044464**
东城区	9.8	10.6	6.3	6.2	10528	12480
西城区	168.6	172.6	82.0	105.2	60153	58380
朝阳区	60.1	48.4	35.4	24.1	76114	84325
丰台区	22.5	26.2	13.5	16.8	46537	53104
石景山区	21.2	16.6	14.9	10.9	26271	29258
海淀区	105.8	115.2	59.0	59.1	117980	123160
门头沟区	8.5	7.7	5.1	5.1	12021	14613
房山区	122.8	116.3	36.4	33.3	38206	41904
通州区	65.9	66.4	28.5	28.4	70468	75701
顺义区	110.8	198.7	46.0	62.4	134614	145298
昌平区	55.2	51.0	34.1	33.7	88744	87754
大兴区	44.7	43.6	29.0	26.0	71701	70442
怀柔区	30.1	30.4	18.4	20.6	38896	39793
平谷区	8.0	12.4	6.0	8.0	26272	27695
密云区	15.8	17.9	7.9	9.8	31016	34285
延庆区	3.8	3.8	2.8	2.6	8499	8853
北京经济技术开发区	341.8	257.7	143.4	114.5	137457	137419

3-39 建筑业主要指标

各 区	企业单位数(个)			年末从业人员 (人)			建筑业总产值(亿元)		
	2017	2016	增长速度(%)	2017	2016	增长速度(%)	2017	2016	增长速度(%)
全 市	**2888**	**3218**	**-10.3**	**607579**	**591563**	**2.7**	**9736.7**	**8841.2**	**10.1**
东 城 区	158	169	-6.5	37625	42889	-12.3	674.8	628.4	7.4
西 城 区	210	246	-14.6	44809	49969	-10.3	736.1	646.3	13.9
朝 阳 区	571	659	-13.4	103367	80339	28.7	1329.3	1155.1	15.1
丰 台 区	212	269	-21.2	87851	99519	-11.7	1627.1	1516.3	7.3
石景山区	86	79	8.9	27657	27784	-0.5	471.8	429.4	9.9
海 淀 区	383	475	-19.4	113316	90878	24.7	1835.4	1610.8	13.9
门头沟区	62	64	-3.1	6447	5791	11.3	103.4	93.5	10.6
房 山 区	127	129	-1.6	20676	20765	-0.4	356.4	349.5	2.0
通 州 区	201	211	-4.7	36913	38596	-4.4	1175.4	1064.5	10.4
顺 义 区	163	163	持平	44634	50076	-10.9	374.7	306.7	22.2
昌 平 区	144	144	持平	16231	13805	17.6	189.7	184.9	2.6
大 兴 区	260	295	-11.9	24421	28131	-13.2	333.3	343.0	-2.9
怀 柔 区	84	87	-3.4	7111	6065	17.2	89.3	82.1	8.7
平 谷 区	94	94	持平	11941	13547	-11.9	68.0	82.9	-17.9
密 云 区	64	59	8.5	9423	9205	2.4	109.2	94.5	15.6
延 庆 区	39	43	-9.3	3295	4215	-21.8	59.2	46.0	28.8
北京经济技术开发区	30	32	-6.3	11862	9989	18.8	203.6	207.4	-1.9

注：建筑业的相关数据是按照建筑业企业经营地划分，统计范围为施工总承包、专业承包建筑业企业。

3-39 续表1

单位：亿元

各 区	营业收入			应交税金合计		#应交增值税	
	2017	2016	增长速度(%)	2017	2016	2017	2016
全 市	**12354.2**	**11974.3**	**3.2**	**278.0**	**282.9**	**165.1**	**118.0**
东 城 区	754.8	755.4	-0.1	23.6	25.1	16.7	12.4
西 城 区	808.9	755.4	7.1	20.1	21.1	12.0	11.0
朝 阳 区	1840.5	1717.0	7.2	41.2	41.2	28.4	15.7
丰 台 区	2289.1	2228.4	2.7	46.7	42.6	23.4	15.6
石景山区	802.4	781.0	2.7	10.2	11.1	5.1	5.0
海 淀 区	2412.1	2283.9	5.6	52.0	48.4	28.1	24.2
门头沟区	111.0	99.3	11.7	2.9	2.8	2.2	1.4
房 山 区	381.5	399.1	-4.4	16.3	14.5	10.0	5.8
通 州 区	1210.7	1136.8	6.5	20.3	24.9	9.1	5.2
顺 义 区	423.3	369.8	14.5	12.1	12.0	8.4	5.8
昌 平 区	210.4	257.0	-18.2	6.8	6.6	4.5	2.5
大 兴 区	288.5	326.6	-11.7	8.4	10.7	6.2	4.2
怀 柔 区	101.1	98.1	3.1	2.5	3.1	2.0	1.5
平 谷 区	89.1	93.9	-5.1	3.3	3.7	1.6	1.3
密 云 区	119.0	122.2	-2.6	3.1	4.1	1.7	1.6
延 庆 区	43.4	50.6	-14.1	1.3	1.8	1.0	1.0
北京经济技术开发区	468.4	499.8	-6.3	7.2	9.2	4.5	3.9

注：2016年应交税金合计主要包括应交增值税、应交所得税、营业税金及附加和管理费用中的税金。2017年应交税金合计主要包括应交增值税、所得税费用、税金及附加。2016年5月开始实施建筑业营改增，因此2017年与2016年应交税金合计和应交增值税不可比。

3-39 续表2

单位：亿元

各　区	利润总额			流动资产合计			在建工程		
	2017	2016	增长速度(%)	2017	2016	增长速度(%)	2017	2016	增长速度(%)
全　市	**773.5**	**725.7**	**6.6**	**16422.8**	**15135.6**	**8.5**	**72.7**	**80.5**	**-9.7**
东城区	37.3	43.7	-14.7	1589.0	1385.3	14.7	4.8	0.3	1611.7
西城区	25.7	19.3	33.2	1208.8	1049.3	15.2	5.9	4.3	37.8
朝阳区	25.5	71.7	-64.5	2344.3	2412.7	-2.8	1.8	2.5	-29.4
丰台区	247.0	167.5	47.5	2967.2	3241.7	-8.5	4.0	5.6	-27.6
石景山区	33.1	24.0	37.9	910.6	831.2	9.6	1.9	1.4	30.0
海淀区	313.1	308.2	1.6	3590.4	2688.5	33.5	37.7	37.2	1.3
门头沟区	1.0	0.9	13.8	109.0	90.0	21.1	0.05	0.4	-86.5
房山区	19.7	19.4	1.9	782.0	618.5	26.4	3.0	13.8	-78.4
通州区	38.1	36.8	3.5	947.2	885.8	6.9	3.4	4.9	-31.5
顺义区	11.8	9.0	30.6	437.6	392.7	11.4	1.0	1.6	-35.3
昌平区	2.2	1.0	113.7	304.5	281.4	8.2	1.6	1.4	15.1
大兴区	1.9	4.6	-57.9	331.7	335.8	-1.2	5.7	4.4	28.5
怀柔区	0.1	0.9	-85.2	100.8	92.5	9.0	0.2	0.4	-57.7
平谷区	3.0	3.2	-5.3	126.6	136.6	-7.3	0.6	1.1	-39.2
密云区	3.1	3.9	-20.7	137.7	130.1	5.8	0.4	0.4	-5.3
延庆区	0.3	-1.2		60.0	65.3	-8.1	0.3	0.4	-30.3
北京经济技术开发区	10.5	12.8	-18.1	475.6	498.2	-4.5	0.5	0.4	6.5

3-39 续表3

单位：亿元

各区	资产总计			负债合计			所有者权益合计		
	2017	2016	增长速度(%)	2017	2016	增长速度(%)	2017	2016	增长速度(%)
全 市	**24789.2**	**22405.7**	**10.6**	**16917.5**	**15110.0**	**12.0**	**7871.7**	**7295.7**	**7.9**
东城区	2084.9	1813.0	15.0	1362.7	1158.7	17.6	722.1	654.3	10.4
西城区	1530.7	1333.9	14.8	1206.6	1082.8	11.4	324.1	251.0	29.1
朝阳区	3024.0	2964.7	2.0	2380.9	2398.6	-0.7	643.1	566.1	13.6
丰台区	4733.2	4726.4	0.1	2983.0	3031.8	-1.6	1750.2	1694.6	3.3
石景山区	1021.5	930.1	9.8	810.2	752.7	7.6	211.3	177.4	19.1
海淀区	7632.9	6311.6	20.9	4598.9	3439.9	33.7	3034.0	2871.7	5.7
门头沟区	116.6	97.8	19.2	95.5	77.5	23.3	21.0	20.3	3.7
房山区	861.6	699.3	23.2	622.6	500.6	24.4	239.0	198.7	20.3
通州区	1354.8	1192.5	13.6	1087.3	951.8	14.2	267.5	240.7	11.1
顺义区	505.2	451.1	12.0	385.4	345.1	11.7	119.8	106.0	13.0
昌平区	357.6	330.7	8.1	265.8	239.8	10.8	91.7	90.9	0.9
大兴区	407.3	407.4	-0.02	291.2	292.4	-0.4	116.1	115.0	1.0
怀柔区	110.7	101.2	9.4	82.6	73.3	12.7	28.1	27.9	0.8
平谷区	145.7	154.9	-5.9	94.0	105.0	-10.5	51.7	50.0	3.5
密云区	177.8	152.1	16.9	111.6	92.1	21.2	66.2	60.0	10.3
延庆区	63.9	70.3	-9.1	51.6	58.5	-11.7	12.3	11.9	3.5
北京经济技术开发区	660.8	668.7	-1.2	487.5	509.4	-4.3	173.3	159.3	8.8

3-40 限额以上批发和零售业基本情况(2017年)

各 区	单位个数（个）	从业人员期末人数（人）	商品购进额（亿元）	商品销售额（亿元）	批发额	零售额
全 市	**6403**	**731880**	**59048.2**	**63385.9**	**55308.2**	**8077.7**
东城区	454	91953	7361.2	7794.7	6724.9	1069.8
西城区	532	70093	6029.0	6130.3	5612.8	517.6
朝阳区	1783	211863	17249.2	19446.7	17407.8	2038.9
丰台区	452	48544	2504.7	2613.9	2099.0	515.0
石景山区	147	21905	895.4	944.1	579.9	364.3
海淀区	1163	115414	12979.2	13782.9	12349.2	1433.7
门头沟区	91	3804	227.9	250.7	234.4	16.3
房山区	324	10078	997.4	1043.1	930.2	112.9
通州区	217	23376	950.2	1038.1	667.2	370.9
顺义区	246	20896	953.6	1129.8	919.5	210.3
昌平区	329	17103	1934.6	2065.9	1842.3	223.5
大兴区	208	21921	795.4	848.2	648.0	200.3
怀柔区	69	3483	100.3	108.5	89.3	19.1
平谷区	91	9201	240.0	266.7	238.7	28.0
密云区	117	6022	245.8	260.1	232.8	27.3
延庆区	22	1087	63.9	66.6	61.6	5.0
北京经济技术开发区	158	55137	5520.4	5595.6	4670.8	924.8

注：本表统计范围为限额以上批发和零售业法人单位、产业活动单位和个体经营户。

3-41 限额以上住宿和餐饮业基本情况(2017年)

各区	单位个数(个)	从业人员期末人数(人)	营业额(亿元)	#客房收入	#餐费收入
全市	**2422**	**342735**	**1138.8**	**270.4**	**753.4**
东城区	279	50059	268.1	57.1	195.3
西城区	304	42606	131.0	36.5	82.2
朝阳区	693	94181	317.0	77.8	199.4
丰台区	168	17735	46.5	12.9	28.8
石景山区	38	3987	6.9	1.9	4.1
海淀区	445	60298	172.0	51.3	98.1
门头沟区	18	2328	4.8	0.6	3.7
房山区	34	4665	9.2	0.9	7.2
通州区	41	3411	6.7	1.6	4.5
顺义区	103	20786	44.0	8.3	29.8
昌平区	96	10085	23.7	7.6	10.4
大兴区	52	6229	43.9	1.7	40.6
怀柔区	47	3616	10.0	3.8	4.2
平谷区	27	4447	11.3	0.5	10.5
密云区	25	2510	5.3	2.4	2.0
延庆区	22	1863	3.3	0.9	2.1
北京经济技术开发区	30	13929	35.2	4.3	30.4

注：本表统计范围为限额以上住宿和餐饮业法人单位、产业活动单位和个体经营户。

3-42 社会消费品零售总额

单位：亿元

各　区	社会消费品零售总额		增长速度
	2017	2016	(%)
全　市	**11575.4**	**11005.1**	**5.2**
东 城 区	1098.9	1046.6	5.0
西 城 区	1013.9	968.8	4.7
朝 阳 区	2762.3	2654.5	4.1
丰 台 区	1135.2	1075.3	5.6
石景山区	303.4	287.5	5.6
海 淀 区	2309.6	2213.2	4.4
门头沟区	65.9	61.7	6.8
房 山 区	267.4	248.5	7.6
通 州 区	419.1	388.1	8.0
顺 义 区	474.2	443.0	7.1
昌 平 区	452.1	422.7	7.0
大 兴 区	413.7	386.4	7.1
怀 柔 区	119.8	111.5	7.5
平 谷 区	107.3	100.2	7.1
密 云 区	139.0	129.8	7.1
延 庆 区	94.2	87.6	7.5
北京经济技术开发区	399.5	379.7	5.2

注：社会消费品零售总额按产业在地原则核算。

3-43 商品交易市场情况

各区	市场个数（个）		总摊位数（个）		出租摊位数（个）		营业面积（万平方米）		成交额（亿元）	
	2017	2016	2017	2016	2017	2016	2017	2016	2017	2016
全市	**631**	**781**	**207245**	**244224**	**165350**	**198785**	**1102.2**	**1269.5**	**4011.5**	**4111.8**
东城区	27	33	12575	13615	10946	12144	33.1	36.1	36.0	48.1
西城区	27	38	7015	15408	6549	14234	14.8	27.1	30.4	230.6
朝阳区	138	156	41507	45786	34415	38998	232.5	245.0	744.4	737.4
丰台区	84	119	36200	44763	32352	39847	300.5	338.3	2066.8	1931.7
石景山区	13	30	2500	5951	2122	4533	15.6	26.4	22.2	27.8
海淀区	33	43	18604	20202	16236	18362	55.4	67.2	311.5	299.2
门头沟区	8	10	979	1272	867	1073	2.8	3.8	2.9	2.9
房山区	47	55	7806	9234	5701	6617	31.0	36.6	12.5	15.3
通州区	43	47	12184	13422	9632	11128	41.0	55.4	107.7	112.7
顺义区	49	54	11167	12820	9745	11370	91.1	99.9	264.9	282.1
昌平区	53	62	15250	15515	12529	12676	98.6	104.5	314.8	315.7
大兴区	29	49	15514	19830	6431	9632	46.5	84.2	5.9	14.1
怀柔区	13	15	3774	3976	2987	2997	14.4	15.4	26.3	25.2
平谷区	27	28	12727	12880	8265	8425	76.9	76.7	31.3	34.6
密云区	28	29	6938	7038	4708	4848	32.6	37.2	18.8	18.9
延庆区	12	13	2505	2512	1865	1901	15.3	15.6	15.0	15.4

3-44 实际利用外商直接投资额

单位：万美元

各　区	2017	2016
全　市	**2432909**	**1302858**
东城区	58209	50298
西城区	1161083	50378
朝阳区	587979	745228
丰台区	10263	10414
石景山区	25333	15026
海淀区	249059	188722
门头沟区	2490	1004
房山区	18400	4074
通州区	81861	36036
顺义区	92711	69305
昌平区	80000	78881
大兴区	45120	41103
怀柔区	13129	3725
平谷区	6043	4500
密云区	720	2098
延庆区	509	2066
北京经济技术开发区	39622	30541

注：大兴区中包含北京经济技术开发区数据。

资料来源：北京市商务局。

3-45 入境旅游及星级饭店基本情况

各　区	入境旅游者人数(万人次)		#外国人		星级饭店个数(个)		出租率(%)	
	2017	2016	2017	2016	2017	2016	2017	2016
全　市	**392.56**	**416.53**	**332.00**	**354.76**	**519**	**523**	**64.8**	**62.6**
东 城 区	110.51	111.99	93.46	93.78	58	59	74.0	67.9
西 城 区	21.69	26.82	18.34	22.01	75	77	71.5	67.3
朝 阳 区	180.70	194.05	152.83	166.26	105	105	69.3	67.9
丰 台 区	6.55	6.05	5.54	5.61	29	29	67.1	58.3
石景山区	3.68	2.52	3.11	2.29	5	5	77.0	70.3
海 淀 区	35.05	34.67	29.64	27.67	71	73	72.8	69.1
门头沟区	0.06	0.06	0.05	0.05	9	9	38.5	33.8
房 山 区	0.04	0.06	0.03	0.05	35	33	34.6	33.6
通 州 区	0.69	0.89	0.58	0.81	7	6	50.7	50.8
顺 义 区	19.68	21.89	16.65	21.73	17	19	48.8	51.3
昌 平 区	2.32	2.00	1.96	1.86	37	37	47.3	49.8
大 兴 区	10.49	13.89	8.87	11.36	10	11	48.9	42.1
怀 柔 区	0.78	1.22	0.66	0.90	21	20	44.8	47.7
平 谷 区	0.02	0.06	0.02	0.05	9	9	31.9	33.4
密 云 区	0.23	0.27	0.20	0.27	17	17	35.3	33.5
延 庆 区	0.05	0.08	0.05	0.08	14	14	26.0	23.2

3–45 续表

各　区	营业收入(万元)		利润总额(万元)		从业人员平均人数(人)	
	2017	2016	2017	2016	2017	2016
全　　市	**2575127.1**	**2614497.0**	**297712.1**	**274585.0**	**76603**	**84868**
东 城 区	453991.9	446506.1	27596.6	107756.9	11097	12193
西 城 区	323331.1	334803.2	38068.5	29643.5	8850	10565
朝 阳 区	907835.4	915211.7	217372.2	119139.3	22896	23848
丰 台 区	100338.4	93698.3	2974.0	-295.9	4034	3954
石景山区	12369.8	13386.1	26.7	232.5	304	331
海 淀 区	452319.4	462437.4	63760.0	46475.9	14236	16058
门头沟区	12999.5	13355.1	-4242.4	-4345.9	689	865
房 山 区	21728.6	27203.1	587.7	-1941.2	1048	1362
通 州 区	12229.9	12662.3	-2107.0	-3106.9	881	976
顺 义 区	50766.0	53388.7	-6031.1	-8022.1	3032	3282
昌 平 区	152711.0	154460.3	-30462.2	-10865.2	5986	6806
大 兴 区	23633.8	30406.1	-2755.5	2512.1	858	1104
怀 柔 区	15633.4	19670.4	-442.6	-504.3	756	1163
平 谷 区	5674.2	6772.6	-139.2	-549.2	327	371
密 云 区	19085.6	20727.6	-4309.7	-5069.0	940	1267
延 庆 区	10479.1	9807.8	-2183.9	3524.5	669	724

3-46 银行、保险系统机构人员情况(2017年)

各　区	合　计		总行、总公司		分行、分公司		支行、支公司	
	机　构(个)	从业人员(人)	机　构(个)	从业人员(人)	机　构(个)	从业人员(人)	机　构(个)	从业人员(人)
全　市	**4813**	**392787**	**101**	**130420**	**176**	**58148**	**2625**	**115190**
东城区	378	52519	9	5966	27	13246	230	16276
西城区	534	120109	41	70427	47	26378	284	13456
朝阳区	1006	65939	29	21497	79	12264	566	19431
丰台区	366	24609	1	9403	6	1575	198	5761
石景山区	125	14029	4	8269	1	30	71	2619
海淀区	821	46043	4	13277	13	4534	465	18187
门头沟区	66	2008	1	33	1	46	28	942
房山区	176	10176	1	42			87	4781
通州区	219	13622	1	22	1	16	111	7828
顺义区	211	9046	2	377			117	4888
昌平区	224	7958	1	58			113	4935
大兴区	260	9125	2	76	1	59	165	5624
怀柔区	115	4232	1	50			52	2578
平谷区	118	5257	1	21			55	3463
密云区	122	5086	1	35			54	3134
延庆区	72	3029	2	867			29	1287

3-46 续表

各　区	分理处		储蓄所		其　他	
	机　构（个）	从业人员（人）	机　构（个）	从业人员（人）	机　构（个）	从业人员（人）
全　市	**738**	**8999**	**469**	**2113**	**704**	**77917**
东城区	25	563	21	82	66	16386
西城区	33	825	42	185	87	8838
朝阳区	146	2303	58	331	128	10113
丰台区	62	745	39	209	60	6916
石景山区	14	157	14	67	21	2887
海淀区	134	1609	87	408	118	8028
门头沟区	12	78	14	59	10	850
房山区	31	251	27	129	30	4973
通州区	43	409	25	102	38	5245
顺义区	39	459	28	103	25	3219
昌平区	45	415	25	147	40	2403
大兴区	37	437	27	87	28	2842
怀柔区	36	195	14	38	12	1371
平谷区	30	181	17	51	15	1541
密云区	31	226	17	65	19	1626
延庆区	20	146	14	50	7	679

3-47 中资银行人民币存款余额(2017年)

单位：万元

各区	各项存款	单位存款	个人存款	#储蓄存款	其他存款
全市	**1345148180**	**817362994**	**288320865**	**238604029**	**239464322**
东城区	150264700	100579929	26665813	22635584	23018958
西城区	420278325	270928676	37411362	30406588	111938287
朝阳区	237768085	123407823	59470430	48361155	54889832
丰台区	70143161	29159639	28193422	23357150	12790100
石景山区	18691938	8869372	7851349	6510521	1971217
海淀区	291278090	207070075	56125788	45803894	28082227
门头沟区	6189852	3346230	2839185	2245637	4436
房山区	15689241	7525337	8135766	6697668	28139
通州区	29661775	13791910	13097643	10975484	2772221
顺义区	21334338	11388269	9416999	7887810	529070
昌平区	25029896	11017426	13192015	11168468	820455
大兴区	37943921	20246855	15102256	13079060	2594810
怀柔区	6473989	3420027	3047106	2666634	6855
平谷区	4917418	2397112	2513125	2170961	7180
密云区	5100060	1948645	3148671	2721640	2743
延庆区	4383393	2265670	2109934	1915776	7790

注：本表统计范围包括中国邮政储蓄银行北京分行、国有商业银行北京市分行、股份制商业银行在京营业机构、北京银行、北京农商银行。

资料来源：中国人民银行营业管理部。

3-48 中资银行人民币贷款余额(2017年)

单位：万元

各区	各项贷款	境内贷款	短期贷款	#个人消费贷款	中长期贷款	#个人消费贷款	其他贷款	境外贷款
全市	**556729514**	**556005077**	**197592578**	**8588689**	**344758188**	**101821194**	**13654310**	**724438**
东城区	64461816	64407740	25798777	1875202	37388015	13942271	1220948	54076
西城区	214727345	214607005	84221583	2579427	119844025	20873563	10541396	120340
朝阳区	87911427	87788675	27630984	1369044	59531022	25185177	626668	122752
丰台区	41990316	41739288	14083808	593828	27497424	6899176	158056	251028
石景山区	8902394	8898636	1591359	111508	7302789	1445422	4488	3758
海淀区	85031987	84886649	28981170	1074033	55326565	17654396	578914	145338
门头沟区	2721758	2721504	1418203	17718	1295419	554012	7883	254
房山区	3839602	3839553	1054734	75276	2479511	1373117	305309	49
通州区	6379038	6377685	1388980	161102	4957643	2669452	31063	1353
顺义区	12773584	12755002	6043073	207128	6656476	2634823	55453	18582
昌平区	7418451	7415798	1456786	140167	5943146	2851460	15866	2653
大兴区	13316764	13313717	1975643	251562	11280779	3450434	57296	3046
怀柔区	2257795	2257210	716541	38130	1519282	516233	21387	585
平谷区	1873366	1872773	266581	30495	1597660	749045	8532	593
密云区	2178214	2178183	813731	44143	1344767	800660	19685	31
延庆区	945657	945657	150624	19928	793667	221952	1366	

注：本表统计范围包括中国邮政储蓄银行北京分行、国有商业银行北京市分行、股份制商业银行在京营业机构、北京银行、北京农商银行。

资料来源：中国人民银行营业管理部。

3-49 规模以上第三产业基本情况(2017年)

各　区	收入合计(亿元)	资产总计(亿元)	企业利润总额(亿元)	应交税金合计(亿元)	从业人员平均人数(万人)
全　市	**131866.5**	**1716653.2**	**26742.6**	**6239.9**	**665.6**
东 城 区	20650.7	185872.9	10040.0	768.6	60.8
西 城 区	19853.9	1086182.7	7434.5	2251.1	84.5
朝 阳 区	32873.4	159013.3	4452.1	1228.3	152.7
丰 台 区	5545.2	23991.0	313.5	149.7	53.9
石景山区	2961.5	12393.6	506.7	113.3	19.0
海 淀 区	28456.1	193144.6	2733.5	994.0	171.2
门头沟区	628.2	2581.6	22.5	31.7	3.5
房 山 区	1542.9	3863.1	49.6	48.7	8.4
通 州 区	1751.8	5610.7	82.2	70.5	10.3
顺 义 区	4529.2	15938.3	635.2	208.7	30.7
昌 平 区	3905.9	9311.2	204.1	159.8	19.8
大 兴 区	1556.7	4500.0	78.1	66.3	13.7
怀 柔 区	538.6	1724.0	21.9	21.5	5.3
平 谷 区	503.3	1505.1	18.2	18.3	7.5
密 云 区	526.9	1584.4	12.8	18.9	5.8
延 庆 区	249.2	602.1	-1.8	1.7	3.9
北京经济技术开发区	5793.0	8834.5	139.5	88.8	14.7

注：应交税金合计主要包括应交税金合计主要包括应交增值税、所得税费用、税金及附加。

3-50 规模以上文化创意产业情况

各　区	收入合计(万元)		利润总额(万元)		从业人员平均人数(人)	
	2017	2016	2017	2016	2017	2016
全　市	**179728910**	**152248022**	**13226244**	**10951472**	**1355541**	**1256790**
东城区	20295528	19863349	1179938	1102475	90412	87992
西城区	11449551	10516714	1085392	1029616	113159	104313
朝阳区	37543772	31359524	2338536	1293673	290463	260156
丰台区	4638219	3770505	332291	236592	44632	39298
石景山区	5105919	3722832	646781	383044	34342	29216
海淀区	77252047	63891919	7057583	6015431	643937	609252
门头沟区	355753	185671	32874	-5839	2795	2057
房山区	660970	458064	22301	10221	6317	5584
通州区	1885928	1550126	28853	70083	11325	12243
顺义区	1896479	1440995	113461	119835	15886	13892
昌平区	1822015	1625593	-149059	424696	23889	22144
大兴区	1002322	859341	44033	39107	12291	10418
怀柔区	1078507	1008622	104090	74556	6067	6199
平谷区	741300	565522	74341	72091	8226	5329
密云区	485864	368977	36835	20800	7901	6764
延庆区	139290	108711	-1384	3763	3373	3708
北京经济技术开发区	13375446	10951558	279378	61329	40526	38225

注：规模以上文化创意产业的统计范围包括纳入文化创意产业分类标准的年主营业务收入2000万元及以上的批发业企业和工业企业，年主营业务收入500万元及以上的零售业企业，年收入合计500万元及以上或从业人员50人及以上的文化、体育和娱乐业法人单位，以及年收入合计1000万元及以上或从业人员在50人及以上的其他服务业法人单位。

3–51 全市居民收支情况

单位：元

各 区	人均可支配收入			人均消费支出		
	2017	2016	增长速度(%)	2017	2016	增长速度(%)
全 市	**57230**	**52530**	**8.9**	**37425**	**35416**	**5.7**
东 城 区	70289	66084	6.4	46154	43923	5.1
西 城 区	76511	71863	6.5	46668	45329	3.0
朝 阳 区	64841	60056	8.0	41579	40034	3.9
丰 台 区	55871	51173	9.2	38127	37831	0.8
石景山区	66112	60980	8.4	40767	38547	5.8
海 淀 区	71986	67022	7.4	49458	46630	6.1
门头沟区	45881	42293	8.5	31820	31083	2.4
房 山 区	36289	33322	8.9	23180	21918	5.8
通 州 区	37209	34097	9.1	26550	24505	8.3
顺 义 区	33568	30808	9.0	21371	19716	8.4
昌 平 区	41632	38350	8.6	30046	27842	7.9
大 兴 区	39862	36718	8.6	26365	24976	5.6
怀 柔 区	33764	30982	9.0	23088	21383	8.0
平 谷 区	33414	30768	8.6	21670	20578	5.3
密 云 区	32165	29490	9.1	20306	19538	3.9
延 庆 区	31555	29157	8.2	21449	19732	8.7

3-52　城镇居民收支情况

单位：元

各　区	人均可支配收入			人均消费支出		
	2017	2016	增长速度(%)	2017	2016	增长速度(%)
全　市	**62406**	**57275**	**9.0**	**40346**	**38256**	**5.5**
东 城 区	70289	66084	6.4	46154	43923	5.1
西 城 区	76511	71863	6.5	46668	45329	3.0
朝 阳 区	64841	60056	8.0	41579	40034	3.9
丰 台 区	55871	51173	9.2	38127	37831	0.8
石景山区	66112	60980	8.4	40767	38547	5.8
海 淀 区	71986	67022	7.4	49458	46630	6.1
门头沟区	49682	45872	8.3	33910	32977	2.8
房 山 区	42992	39486	8.9	26368	25105	5.0
通 州 区	44607	40845	9.2	31701	29238	8.4
顺 义 区	39736	36448	9.0	25928	23810	8.9
昌 平 区	45735	42149	8.5	32030	29892	7.2
大 兴 区	47572	43932	8.3	29710	28166	5.5
怀 柔 区	39272	36013	9.0	25415	23633	7.5
平 谷 区	41130	38080	8.0	25225	24539	2.8
密 云 区	40031	36631	9.3	23849	23020	3.6
延 庆 区	41599	38442	8.2	27109	24809	9.3

3-53 农村居民收支情况

单位：元

各 区	人均可支配收入			人均消费支出		
	2017	2016	增长速度(%)	2017	2016	增长速度(%)
全 市	**24240**	**22310**	**8.7**	**18810**	**17329**	**8.5**
门头沟区	23746	21861	8.6	19649	20271	-3.1
房 山 区	22727	20849	9.0	16730	15470	8.1
通 州 区	25632	23538	8.9	18490	17098	8.1
顺 义 区	26833	24649	8.9	16396	15245	7.6
昌 平 区	23839	21871	9.0	21437	18949	13.1
大 兴 区	21338	19555	9.1	18327	17389	5.4
怀 柔 区	23506	21620	8.7	18754	17195	9.1
平 谷 区	23760	21866	8.7	17223	15755	9.3
密 云 区	22604	20798	8.7	15997	15300	4.6
延 庆 区	21248	19588	8.5	15641	14500	7.9

3-54　普通中学学校基本情况

单位：人

各　区	普通中学校数(所)		普通中学招生数		普通中学毕业生数	
	2017	2016	2017	2016	2017	2016
全　市	**649**	**646**	**157018**	**145398**	**132118**	**139284**
东城区	41	43	12796	11947	11168	12010
西城区	43	43	16777	14928	13786	15450
朝阳区	94	91	18720	17447	12937	14021
丰台区	48	48	7980	7622	6923	7426
石景山区	24	27	3892	3851	3974	4130
海淀区	79	76	35795	32219	30074	30421
门头沟区	16	16	2384	2217	2102	1928
房山区	47	47	8778	7964	7495	7635
通州区	38	41	9147	8840	6862	6994
顺义区	33	32	9367	9013	8555	8531
昌平区	55	52	7540	7487	6570	7403
大兴区	45	44	8419	7877	7674	8803
怀柔区	23	23	3455	3218	2880	2767
平谷区	19	19	3798	3372	3577	3825
密云区	23	23	5205	4553	4416	4555
延庆区	21	21	2965	2843	3125	3385

注：普通中学范围为普通高中和普通初中。

资料来源：北京市教育委员会。

3-54 续表

单位：人

各　区	普通中学在校学生数		普通中学教职工人数		普通中学专任教师人数	
	2017	2016	2017	2016	2017	2016
全　市	**430381**	**431403**	**86966**	**85352**	**66635**	**64549**
东 城 区	36025	36178	6570	6560	5616	4745
西 城 区	45006	44114	7913	7897	6094	6192
朝 阳 区	48310	48990	13305	12969	10754	10627
丰 台 区	22333	24938	5467	5394	4265	4177
石景山区	11339	12003	2808	2645	2207	2055
海 淀 区	99019	95422	14377	13727	11078	10694
门头沟区	6696	6772	1271	1271	934	931
房 山 区	24548	24604	4318	4353	3321	3284
通 州 区	24875	25016	4745	4795	3603	3620
顺 义 区	25904	26117	5145	4870	3705	3550
昌 平 区	21019	21326	6092	5862	4444	4223
大 兴 区	22748	23146	5214	5089	4112	4036
怀 柔 区	9458	9759	2378	2386	1723	1664
平 谷 区	10450	10375	2836	2965	1578	1575
密 云 区	14074	13681	2448	2431	1795	1742
延 庆 区	8577	8962	2079	2138	1406	1434

3–55 小学教育基本情况

单位：人

各 区	小学校数(所)		小学招生数		小学毕业生数	
	2017	2016	2017	2016	2017	2016
全 市	**984**	**984**	**157559**	**145274**	**125938**	**111481**
东城区	63	63	10035	9318	8379	7360
西城区	58	60	15050	13455	10620	8552
朝阳区	87	87	24570	22093	17871	15392
丰台区	77	77	10760	10390	9211	9377
石景山区	27	30	3768	3610	3520	3234
海淀区	84	84	28497	27369	24184	20444
门头沟区	22	22	2187	1970	1776	1615
房山区	108	108	9127	8161	7188	6412
通州区	83	82	12113	11064	8751	8021
顺义区	49	48	8980	7872	6599	5928
昌平区	92	92	9424	7930	8223	7841
大兴区	96	97	11609	10929	8792	7813
怀柔区	25	25	2784	2751	2610	2345
平谷区	46	43	3091	3034	2727	2347
密云区	39	38	3536	3493	3569	3082
延庆区	28	28	2028	1835	1918	1718

资料来源：北京市教育委员会。

3-55 续表

单位：人

各 区	小学在校学生数		小学教职工人数		小学专任教师人数	
	2017	2016	2017	2016	2017	2016
全 市	**875849**	**868417**	**60904**	**59716**	**53782**	**51787**
东 城 区	55600	54585	5154	4964	4709	4080
西 城 区	77537	73803	5675	5461	5233	5034
朝 阳 区	136971	135739	7431	7419	7005	6977
丰 台 区	65463	67455	4838	4792	4271	4200
石景山区	22804	23452	1354	1543	1183	1365
海 淀 区	163408	161322	8277	7951	7744	7411
门头沟区	11962	11926	1119	1135	891	883
房 山 区	49693	48907	3794	3783	3137	3076
通 州 区	64453	63568	4343	4162	3947	3704
顺 义 区	46444	44518	3664	3472	3002	2775
昌 平 区	52269	52794	3883	3866	3366	3341
大 兴 区	60069	60850	4197	4169	3632	3609
怀 柔 区	16868	17032	1527	1529	1230	1182
平 谷 区	17925	17828	2130	2145	1580	1498
密 云 区	22095	22342	2202	1986	1705	1530
延 庆 区	12288	12296	1316	1339	1147	1122

3-56　幼儿教育情况

单位：人

各　区	幼儿园数(所)		在园幼儿数		专任教师数	
	2017	2016	2017	2016	2017	2016
全　市	**1604**	**1570**	**445535**	**416982**	**37903**	**36071**
东城区	54	52	16720	15628	2044	1590
西城区	73	69	19398	17483	2073	1888
朝阳区	250	236	78764	72166	7373	7042
丰台区	137	143	44323	43421	3804	3713
石景山区	56	54	15514	15238	1249	1245
海淀区	171	163	65545	62569	5480	5224
门头沟区	31	32	7101	6302	689	599
房山区	110	112	31537	27281	2546	2427
通州区	126	141	26721	30371	2165	2618
顺义区	101	97	28880	25246	1564	1416
昌平区	137	132	32005	29707	2924	2835
大兴区	90	86	35029	32082	2243	2050
怀柔区	71	66	10956	10125	1035	909
平谷区	72	62	12028	10235	890	711
密云区	71	71	13151	11762	1091	1137
延庆区	54	54	7863	7366	733	667

数据来源：北京市教育委员会。

3-57 公共图书馆情况

各 区	个数(个)		总藏数(万册、万件)		总流通人次(万人次)		书刊文献外借册次(万册次)	
	2017	2016	2017	2016	2017	2016	2017	2016
全 市	**24**	**25**	**6528**	**6229**	**2139**	**1800**	**1115**	**1081**
东 城 区	2	2	150	144	79	73	61	77
西 城 区	3	3	234	199	147	159	135	142
朝 阳 区	3	3	1116	1069	624	614	268	310
丰 台 区	2	2	106	104	30	36	20	46
石景山区	1	2	118	115	125	55	60	50
海 淀 区	2	2	3926	3779	713	446	261	97
门头沟区	1	1	90	90	1	1	4	7
房 山 区	2	2	146	125	70	25	45	33
通 州 区	1	1	69	61	123	100	41	45
顺 义 区	1	1	101	96	38	36	36	32
昌 平 区	1	1	71	67	32	48	37	60
大 兴 区	1	1	96	95	52	52	31	34
怀 柔 区	1	1	74	72	48	48	33	33
平 谷 区	1	1	101	90	25	78	51	79
密 云 区	1	1	71	68	13	12	14	18
延 庆 区	1	1	59	55	19	17	18	18

资料来源：北京市文化和旅游局、国家图书馆。

3-58 文物局系统内博物馆情况

各区	个数(个)		文物藏品数(件)		#一级品	
	2017	2016	2017	2016	2017	2016
全市	**43**	**43**	**1250673**	**1244391**	**762**	**731**
东城区	7	7	5283	5668	30	29
西城区	9	9	1017026	1011249	364	364
朝阳区	2	2	87236	86930	15	15
丰台区	2	2	1534	1534	4	4
石景山区	2	2	137	109		
海淀区	6	6	105667	105261	108	106
门头沟区	1	1	4389	4389		
房山区	2	2	7703	7703	15	15
通州区	1	1	1658	1658		
顺义区	1	1	28	28	28	
昌平区	3	3	4956	5301	197	197
大兴区						
怀柔区	1	1	1313	1313		
平谷区	2	2	7559	6972		
密云区	1	1	1560	1652		
延庆区	3	3	4624	4624	1	1

资料来源：北京市文物局。

3-58 续表

各　区	参观人次(千人次)		本年收入(万元)	
	2017	2016	2017	2016
全　市	**10312**	**10926**	**127248**	**123292**
东 城 区	2443	2045	9614	6412
西 城 区	1786	2092	33363	25334
朝 阳 区	126	109	10159	26286
丰 台 区	38	84	2198	1495
石景山区	29	38	5792	727
海 淀 区	353	857	16032	11177
门头沟区	20	50	569	454
房 山 区	222	256	10527	5331
通 州 区	35	12	730	532
顺 义 区	280	271	522	544
昌 平 区	4157	4304	33019	41576
大 兴 区				
怀 柔 区	32	13	500	446
平 谷 区	27	24	2207	1402
密 云 区	15	26	147	198
延 庆 区	750	745	1870	1378

3-59 档案事业情况

各 区	档案馆个数(个)		建筑面积(平方米)		本年利用档案人次(人次)		本年利用现行文件和资料人次(人次)	
	2017	2016	2017	2016	2017	2016	2017	2016
全 市	**18**	**18**	**123401**	**119930**	**198994**	**219165**	**931**	**290**
东城区	1	1	4915	4915	18833	19479	1	
西城区	2	2	18632	15115	28940	26022	18	8
朝阳区	1	1	2800	2800	32263	26564	32	
丰台区	2	2	22304	22304	16732	16836	180	75
石景山区	1	1	3527	3572	3996	2038	3	3
海淀区	1	1	27280	27280	8908	13388	316	
门头沟区	1	1	4651	4651	3374	4023	9	3
房山区	1	1	4731	4731	4079	8514	128	51
通州区	1	1	2651	2651	14944	36251	11	92
顺义区	1	1	6750	6750	4303	3990	19	
昌平区	1	1	3800	3800	10135	10628		
大兴区	1	1	1968	1968	5846	6878	33	
怀柔区	1	1	4000	4000	14560	12666	75	6
平谷区	1	1	4280	4280	15919	15375	16	36
密云区	1	1	5440	5440	11862	12325	85	10
延庆区	1	1	5672	5672	4300	4188	5	6

注：本年利用档案、现行文件和资料人次数量，包括利用纸质和电子两种之和。
资料来源：北京市档案局。

3-60 规模以上工业与信息传输、软件和信息技术服务业企业研究与试验发展（R&D）情况

单位：万元

各区	工业企业研究与试验发展(R&D)经费		信息传输、软件和信息技术服务业研究与试验发展(R&D)经费	
	2017	2016	2017	2016
全市	**2690851.2**	**2548433.3**	**2031342.4**	**1742948.6**
东城区	16205.1	13723.9	3253.0	2970.4
西城区	28041.9	29710.3	87929.5	81362.4
朝阳区	134101.8	172030.8	529682.5	440645.3
丰台区	137996.0	123725.5	23145.1	28581.3
石景山区	33586.3	30294.9	22251.1	23636.3
海淀区	771575.5	752211.3	1330587.4	1146242.5
门头沟区	25962.9	21594.7		
房山区	44188.4	38897.6		
通州区	93951.8	110593.8		
顺义区	292523.7	253539.2	854.6	951.4
昌平区	296087.5	259469.5	14368.8	7839.9
大兴区	130847.1	85831.7	1575.6	1184.7
怀柔区	60377.7	51491.1		
平谷区	12711.1	15365.4		
密云区	18481.3	16942.1		
延庆区	14574.6	15456.4		
北京经济技术开发区	579638.5	557555.1	17694.8	9534.4

3-60 续表

单位：人

各　区	工业企业研究与试验发展(R&D) 人员数		信息传输、软件和信息技术服务业研究与试验发展(R&D) 人员数	
	2017	2016	2017	2016
全　市	**73416**	**70658**	**59054**	**51758**
东城区	601	683	312	165
西城区	1706	2120	2289	1577
朝阳区	4057	4667	9688	9083
丰台区	4648	4632	838	1838
石景山区	1233	1227	898	1089
海淀区	19230	17390	43816	36961
门头沟区	2700	2182		
房山区	1416	1718		
通州区	3093	3978		
顺义区	6150	5725	31	89
昌平区	9849	9523	640	648
大兴区	4337	3415	78	67
怀柔区	1622	1934		
平谷区	513	394		
密云区	864	724		
延庆区	343	348		
北京经济技术开发区	11054	9998	464	241

3-61 技术合同成交情况(2017年)

各　区	合同数 (项)	成交总额 (万元)
全　市	**81266**	**44853329**
东城区	3382	4752305
西城区	7105	2989873
朝阳区	6552	9300349
丰台区	3158	7045647
石景山区	2003	620002
海淀区	52225	16199663
门头沟区	97	15282
房山区	267	40136
通州区	316	650580
顺义区	849	169068
昌平区	2089	800002
大兴区	2545	2005181
怀柔区	417	169947
平谷区	128	8046
密云区	119	36007
延庆区	14	51240

资料来源：北京技术市场管理办公室。

3-62　专利申请及授权情况(2017年)

单位：件

各　区	专利申请量	#发明专利	专利授权量	#发明专利
全　市	**185928**	**99167**	**106948**	**46091**
东城区	9903	4844	6447	2587
西城区	15258	8465	11739	6281
朝阳区	34030	19441	19417	8930
丰台区	11297	5071	6071	2054
石景山区	4020	2028	2242	741
海淀区	68313	45508	37394	20833
门头沟区	755	230	378	48
房山区	5091	799	1440	232
通州区	5742	1215	3453	335
顺义区	6064	1647	3637	363
昌平区	10923	4870	6866	2168
大兴区	11087	4143	5830	1246
怀柔区	1381	437	749	134
平谷区	856	150	422	41
密云区	870	206	682	55
延庆区	309	101	160	37
其　他	29	12	21	6

资料来源：北京市知识产权局。

3-63　卫生机构数(2017年)

单位：个

各　区	卫生机构	#医院	#社区卫生服务中心(站)	#门诊部	#妇幼保健院(所、站)	#疾病预防控制中心(防疫站)	#专科疾病防治院(所、站)	#诊所、卫生所、医务室、护理站
全　市	**10986**	**732**	**2066**	**1191**	**20**	**28**	**26**	**3907**
东城区	579	65	65	90	2	2	3	332
西城区	664	50	97	70	2	8	4	410
朝阳区	1513	165	270	369	2	2	1	677
丰台区	539	74	181	103	1	1	1	147
石景山区	221	25	56	12	1	1	1	119
海淀区	1126	91	216	297	1	2	3	490
门头沟区	247	13	41	4	1	1	1	46
房山区	991	34	215	34	2	2	2	171
通州区	609	24	100	46	1	1	1	78
顺义区	763	15	203	28	1	1	1	315
昌平区	1046	79	142	78	1	1	1	427
大兴区	843	42	152	48	1	2	1	333
怀柔区	482	12	69	6	1	1	1	111
平谷区	427	7	149	2	1	1	2	60
密云区	597	13	38	1	1	1	2	125
延庆区	320	4	72	3	1	1	1	66

注：本表全市卫生机构和医院数据包含驻京部队医院，分区数据不包含驻京部队医院，所以分区数据相加不等于全市。

资料来源：北京市卫生健康委员会。

3-64 卫生机构人员及卫生条件

单位：人

各 区	卫生机构人员		#卫生技术人员		#执业(助理)医师		#注册护士	
	2017	2016	2017	2016	2017	2016	2017	2016
全 市	**346255**	**330777**	**276969**	**264850**	**105732**	**100878**	**123158**	**117760**
东 城 区	34810	33431	26554	25986	10518	10123	10836	10575
西 城 区	43592	42566	36216	34797	12795	12303	15992	15296
朝 阳 区	65189	62240	50137	47382	19774	18610	21544	20418
丰 台 区	25023	23870	19706	18635	7572	6975	8237	7989
石景山区	9736	9642	7840	7813	3008	3009	3404	3315
海 淀 区	42954	38230	33291	29935	12687	11440	14670	12859
门头沟区	4591	4602	3545	3532	1225	1225	1499	1478
房 山 区	13964	13236	10215	9656	3804	3644	4069	3855
通 州 区	12561	11922	9902	9436	3787	3593	3771	3609
顺 义 区	10545	9973	8121	7759	3386	3291	2986	2886
昌 平 区	19953	18492	15370	14177	5659	5260	6840	6419
大 兴 区	15047	14580	11534	11423	4374	4268	4735	4629
怀 柔 区	4424	4315	3449	3373	1453	1437	1159	1129
平 谷 区	4844	4785	3827	3747	1546	1549	1499	1498
密 云 区	4599	4581	3602	3594	1724	1666	1172	1188
延 庆 区	3095	3004	2475	2443	1062	1035	947	905

注：本表全市数据除床位数外均包含驻京部队医院情况，分区数据不包含驻京部队医院，所以分区数据相加不等于全市。

资料来源：北京市卫生健康委员会。

3-64 续表

各区	卫生机构实有床位数（张）		#医院		每千常住人口执业（助理）医师数（人）		每千常住人口注册护士数（人）		每千常住人口医院床位数（张）	
	2017	2016	2017	2016	2017	2016	2017	2016	2017	2016
全　市	**120557**	**116963**	**113576**	**110021**	**4.87**	**4.64**	**5.67**	**5.42**	**5.23**	**5.06**
东城区	11305	11175	11142	11020	12.36	11.53	12.73	12.04	13.09	12.55
西城区	15868	15608	15817	15558	10.49	9.77	13.11	12.15	12.96	12.36
朝阳区	23186	22222	22467	21434	5.29	4.83	5.76	5.30	6.01	5.56
丰台区	10554	10045	10398	9894	3.46	3.09	3.77	3.54	4.76	4.39
石景山区	4755	4595	4695	4535	4.92	4.75	5.56	5.23	7.67	7.15
海淀区	13001	12351	12221	11542	3.65	3.18	4.22	3.58	3.51	3.21
门头沟区	2953	2863	2446	2415	3.80	3.93	4.66	4.75	7.60	7.77
房山区	6633	6641	5921	5899	3.30	3.32	3.53	3.52	5.13	5.38
通州区	3737	3651	2999	2860	2.51	2.52	2.50	2.53	1.99	2.00
顺义区	3669	3516	2830	2751	3.00	3.06	2.65	2.68	2.51	2.56
昌平区	11475	10882	11118	10535	2.74	2.62	3.32	3.19	5.39	5.24
大兴区	6999	7012	6275	6289	2.48	2.52	2.69	2.73	3.56	3.71
怀柔区	1711	1681	1481	1456	3.59	3.66	2.86	2.87	3.66	3.70
平谷区	1979	2007	1661	1687	3.45	3.54	3.35	3.43	3.71	3.86
密云区	1695	1700	1297	1358	3.52	3.45	2.39	2.46	2.65	2.81
延庆区	1037	1014	808	788	3.12	3.17	2.79	2.77	2.38	2.41

3–65 医院工作情况

各　区	诊疗人次数(千人次)		#门　诊		健康检查人次(千人次)	
	2017	2016	2017	2016	2017	2016
全　市	**160771.1**	**172674.1**	**135953.2**	**144544.2**	**3505.3**	**3427.7**
东 城 区	21463.9	22111.5	20375.6	21019.2	358.2	352.5
西 城 区	26767.3	29227.7	25152.1	27533.4	322.7	346.6
朝 阳 区	26365.6	28016.6	24381.1	25920.4	705.7	723.8
丰 台 区	10112.9	11124.4	9405.4	10225.6	241.1	256.1
石景山区	4097.4	4193.2	3851.9	3935.6	150.8	122.6
海 淀 区	18251.1	19649.5	17173.8	18478.7	537.2	523.7
门头沟区	2293.7	2322.6	2155.8	2149.0	65.8	74.4
房 山 区	6263.9	6600.4	5827.0	6157.2	108.5	116.9
通 州 区	4973.3	5186.0	4517.9	4650.0	116.6	98.4
顺 义 区	4362.2	5055.1	3974.9	4624.7	222.7	206.5
昌 平 区	7232.4	7060.3	6541.6	6439.1	263.7	204.2
大 兴 区	5318.2	5862.9	4861.0	5337.2	119.7	116.9
怀 柔 区	2327.9	2279.1	2122.9	2062.3	96.9	97.4
平 谷 区	2121.8	2483.5	1913.9	2263.9	67.4	54.3
密 云 区	2573.5	2662.5	2301.6	2425.8	73.0	69.5
延 庆 区	1490.2	1406.6	1396.7	1322.0	55.4	63.9

注：本表全市数据包含驻京部队医院情况，分区数据不包含驻京部队医院，所以分区数据相加不等于全市。

资料来源：北京市卫生健康委员会。

3-65 续表

各　区	平均开放病床数(张)		入院人数(千人次)	
	2017	2016	2017	2016
全　市	**108828.9**	**105984.1**	**3142.8**	**2975.4**
东 城 区	11085.6	10858.6	426.6	398.7
西 城 区	15553.3	15320.5	618.6	596.3
朝 阳 区	21502.9	20261.0	675.9	618.1
丰 台 区	9886.0	9551.5	199.1	197.1
石景山区	4422.6	4321.1	99.7	93.7
海 淀 区	11298.6	10994.0	395.7	369.2
门头沟区	2366.1	2371.9	36.7	35.0
房 山 区	5884.4	5795.2	123.4	128.4
通 州 区	2777.4	2634.6	80.1	72.6
顺 义 区	2562.2	2604.4	61.0	59.2
昌 平 区	10300.4	10060.9	129.8	113.2
大 兴 区	6007.6	6032.4	152.3	151.1
怀 柔 区	1450.7	1436.2	36.1	35.9
平 谷 区	1657.0	1677.8	49.1	50.4
密 云 区	1285.9	1305.2	37.1	35.7
延 庆 区	788.2	758.8	21.8	20.7

3-66 社区卫生服务机构情况(2017年)

各　区	社区卫生服务机构专业技术人员数(人)	#全科医生	#社区护士	总诊疗人次数(千人次)	#门　诊	#急　诊
全　市	**29145**	**4181**	**8890**	**54581.8**	**53287.0**	**789.8**
东城区	1160	344	458	2489.3	2481.8	0.02
西城区	1790	228	627	3636.5	3600.2	0.05
朝阳区	4874	549	1544	11312.2	11104.9	153.6
丰台区	2999	355	899	7221.4	7076.2	126.7
石景山区	867	133	297	2105.7	2077.0	20.1
海淀区	3729	520	1208	7721.1	7404.8	187.7
门头沟区	609	88	206	693.7	670.9	2.3
房山区	1811	267	484	3131.2	3101.1	20.0
通州区	1940	299	517	3126.7	3096.5	27.8
顺义区	1728	102	467	2295.6	2275.6	16.2
昌平区	1560	318	548	2701.7	2546.1	20.0
大兴区	2635	379	830	2908.5	2841.6	52.1
怀柔区	679	110	159	1006.2	954.1	18.5
平谷区	957	200	174	1188.5	1154.7	25.3
密云区	1088	158	294	1931.7	1824.0	93.3
延庆区	719	131	178	1112.0	1077.5	26.2

资料来源：北京市卫生健康委员会。

3-67 社会组织情况

单位：个

各　区	2017	2016
全　市	**12164**	**10754**
市本级	**3957**	**3421**
东城区	647	602
西城区	733	580
朝阳区	951	882
丰台区	555	467
石景山区	305	297
海淀区	960	923
门头沟区	224	209
房山区	470	406
通州区	421	356
顺义区	391	371
昌平区	521	494
大兴区	537	494
怀柔区	478	449
平谷区	436	338
密云区	291	246
延庆区	287	219

注：社会组织包含社会团体、民办非企业单位、基金会。

资料来源：北京市民政局。

3-68 体育场地情况(2013年)

单位：个

各　区	体育场地数	#体育场	#体育馆	#游泳场馆	#各种训练房
全　市	**20075**	**131**	**70**	**590**	**2836**
东城区	698	3	2	57	197
西城区	1058	7	4	47	170
朝阳区	2600	9	7	188	408
丰台区	1275	4	3	31	192
石景山区	213	2	5	12	27
海淀区	2399	36	22	59	170
门头沟区	464		1	3	63
房山区	1545	9	4	11	86
通州区	950	14	5	18	53
顺义区	2285	10	5	51	567
昌平区	2143	10	5	72	465
大兴区	1449	20		24	179
怀柔区	757	2	1	6	90
平谷区	794	1	1	3	96
密云区	770	1	4	3	42
延庆区	675	3	1	5	31

注：本表数据为第六次全国体育场地普查数据（时点为2013年12月31日）。自2013年开始，体育场地数据不再按年度进行统计，数据将于第七次体育场地普查结束后更新。

资料来源：北京市体育局。

3-69 北京地区社会保险情况(2017年)

单位：人

各区	参加企业职工基本养老保险人数	#参加企业职工基本养老保险职工人数	参加职工基本医疗保险人数	#参加职工基本医疗保险职工人数	参加失业保险人数
全市	**15143284**	**12648530**	**15691611**	**12829492**	**11701718**
东城区	1438571	1169356	1618253	1243231	1118448
西城区	1938252	1504536	2142125	1573986	1419837
朝阳区	3269224	2792140	3464051	2926485	2497465
丰台区	933323	728445	1028445	778027	672746
石景山区	441613	308309	481358	338204	287008
海淀区	2703420	2428568	2994909	2623032	2276678
门头沟区	221248	160181	232946	164647	151503
房山区	364715	282162	393590	297256	276763
通州区	508352	436587	527884	444998	399170
顺义区	612971	550527	595413	522293	486940
昌平区	459663	391311	517362	434694	375183
大兴区	518431	455067	543188	466027	400149
怀柔区	208990	190667	220722	194593	179908
平谷区	202863	172437	215621	176634	159607
密云区	200607	174349	223462	187134	165094
延庆区	93826	74671	120537	93512	76622
北京经济技术开发区	421167	414495	370908	364175	343934
其他	606048	414722	837	564	414663

注：表中“其他”分组指社会保险代办机构。
资料来源：北京市人力资源和社会保障局。

3-70 收养性单位、社区服务情况(2017年)

各区	收养性单位数(个)	收养性单位床位数(张)	社区服务机构数(个)	#社区服务中心数
全市	**685**	**156394**	**11749**	**203**
市本级	**30**	**17342**	**91**	
东城区	27	2837	462	17
西城区	42	5598	719	15
朝阳区	79	19170	1109	38
丰台区	68	18344	683	16
石景山区	22	5230	377	10
海淀区	87	29565	1042	24
门头沟区	15	1438	567	5
房山区	53	7475	1061	11
通州区	19	5370	682	6
顺义区	19	3210	1144	25
昌平区	61	16689	615	8
大兴区	40	6509	684	10
怀柔区	23	2812	882	7
平谷区	34	5381	416	6
密云区	33	4724	716	2
延庆区	33	4700	499	3

资料来源：北京市民政局。

3-71 城乡居民最低生活保障人数

单位：人

各 区	城市居民最低生活保障人数		农村居民最低生活保障人数	
	2017	2016	2017	2016
全 市	**78341**	**81882**	**44032**	**46779**
市本级	**1546**	**1634**		
东城区	11810	12487		
西城区	17650	18322		
朝阳区	11985	12367	540	692
丰台区	9817	9866	202	289
石景山区	7061	7936		
海淀区	5269	5380	89	108
门头沟区	5317	5639	1643	1810
房山区	1475	1662	5674	6203
通州区	1515	1564	4360	4755
顺义区	483	490	3690	3852
昌平区	723	753	1867	1948
大兴区	818	768	1883	2156
怀柔区	658	698	3743	3791
平谷区	687	765	5485	5769
密云区	1112	1086	10958	11123
延庆区	415	465	3898	4283

资料来源：北京市民政局。

3–72 优抚及主要救助对象情况(2017年)

单位：人

各　区	抚恤补助优抚对象人数	定期抚恤人数	定期补助人数	伤残人数	社会救助对象人数
全　市	**45226**	**1437**	**31675**	**12114**	**127854**
市本级					**1546**
东城区	946	69	66	811	12018
西城区	1472	88	134	1250	17774
朝阳区	3544	110	1435	1999	12587
丰台区	2616	126	1161	1329	10143
石景山区	708	63	53	592	7134
海淀区	4157	242	1119	2796	5488
门头沟区	731	32	536	163	7355
房山区	4760	80	4233	447	7712
通州区	4625	70	4136	419	6070
顺义区	4730	100	4216	414	4377
昌平区	2768	89	2269	410	2690
大兴区	3244	42	2900	302	2884
怀柔区	2331	103	1886	342	5672
平谷区	2926	70	2557	299	6425
密云区	3402	97	2975	330	12853
延庆区	2266	56	1999	211	5126

资料来源：北京市民政局。

3–73　婚姻登记情况

各　区	登记结婚人数(人)		初婚人数(人)		再婚人数(人)		#女　性		离婚登记对数(对)	
	2017	2016	2017	2016	2017	2016	2017	2016	2017	2016
全　市	**302908**	**332414**	**179316**	**200750**	**123592**	**131664**	**60241**	**64185**	**72964**	**97583**
东 城 区	24440	30272	15007	19366	9433	10906	4522	5198	5765	8205
西 城 区	35850	41438	21783	25962	14067	15476	6774	7418	8132	11251
朝 阳 区	47770	50164	27107	30030	20663	20134	9911	9669	12265	15384
丰 台 区	20082	22796	11019	12873	9063	9923	4346	4788	5509	6980
石景山区	8378	9484	4609	5548	3769	3936	1824	1923	2435	2944
海 淀 区	54888	58412	35670	36450	19218	21962	9173	10487	11389	16852
门头沟区	4628	5076	2681	2928	1947	2148	985	1078	1122	1465
房 山 区	17560	18134	9979	10833	7581	7301	3825	3683	4487	5742
通 州 区	17510	18992	10459	11496	7051	7496	3445	3706	3706	4642
顺 义 区	15734	16442	8790	9585	6944	6857	3457	3421	3726	5041
昌 平 区	12296	13334	6922	7531	5374	5803	2647	2865	3223	4283
大 兴 区	15804	17852	9638	10600	6166	7252	3026	3607	3629	4955
怀 柔 区	5358	5848	3004	3511	2354	2337	1195	1186	1524	1799
平 谷 区	8482	9404	4754	5502	3728	3902	1905	1987	2448	3206
密 云 区	8388	8984	4328	4866	4060	4118	2059	2074	2398	3451
延 庆 区	5740	5782	3566	3669	2174	2113	1147	1095	1206	1383

注：离婚登记对数不含法院判离数。
资料来源：北京市民政局。

3-74 基层法律服务所主要工作情况(2017年)

各 区	担任法律顾问（家）		代理诉讼事务（件）		代理非诉讼事务（件）		解答法律询问（人次）	
	2017	2016	2017	2016	2017	2016	2017	2016
全 市	**1132**	**2223**	**5419**	**5320**	**1279**	**2391**	**27690**	**97931**
东城区	46	40	26	36	59	48	2196	7029
西城区	31	38	231	89	72	63	558	18961
朝阳区	27	410	100	184	10	50	5137	15542
丰台区	25	196	355	378		316	1240	1122
石景山区	10	11	149	51	125	19	1769	711
海淀区	60	47	396	250	223	93	2315	7992
门头沟区	8	2	57	39		2	35	442
房山区	74	742	1231	592	268	138	1321	8387
通州区	656	30	252	120	31	54	4828	4264
顺义区	2	130	104	773	11	227	569	9882
昌平区	5	62	196	802	30	157	950	2868
大兴区	27	5	49	797	19	379	385	5682
怀柔区			215	361		9		1758
平谷区	7	17	106	332	11	136	435	1504
密云区		36		50		23		3229
延庆区	154	457	1952	466	420	677	5952	8558

注：2017年基层法律服务统计口径有所调整，与2016年数据不可比。

资料来源：北京市司法局。

3–75　公证处总办证量情况(2017年)

单位：件

各　区	总办证量	国内公证业务	涉外公证业务	涉港澳公证业务	涉台公证业务
全　市	**1209017**	**729581**	**473381**	**3415**	**2640**
东城区	392608	199533	189448	1544	2083
西城区	584409	408573	174087	1192	557
朝阳区	19744	11117	8538	89	
丰台区	12842	6750	6048	44	
石景山区	13758	6378	7380		
海淀区	128767	55313	72937	517	
门头沟区	2597	1917	680		
房山区	8659	6282	2377		
通州区	12317	9118	3187	12	
顺义区	4188	2644	1530	14	
昌平区	719	347	370	2	
大兴区	18849	13501	5348		
怀柔区	4045	3314	731		
平谷区	3004	2668	336		
密云区	1942	1603	338	1	
延庆区	569	523	46		

资料来源：北京市司法局。

3–76 刑事案件立案及破案情况

单位：起

各 区	刑事案件立案数		刑事案件破案数	
	2017	2016	2017	2016
全 市	**140250**	**150312**	**64002**	**65376**
东 城 区	3898	6594	1208	2363
西 城 区	5640	8624	2737	3379
朝 阳 区	36200	38155	15408	15887
丰 台 区	13722	15998	6031	7214
石景山区	2279	3021	1200	1095
海 淀 区	20861	22340	13241	12763
门头沟区	1276	1057	320	324
房 山 区	6249	7306	3426	3546
通 州 区	9147	8076	3439	3438
顺 义 区	9571	7493	3814	3802
昌 平 区	12688	10553	2920	1883
大 兴 区	8583	8227	3052	2586
怀 柔 区	1255	1497	926	896
平 谷 区	1916	1766	1208	1082
密 云 区	1566	1839	957	1011
延 庆 区	1113	1024	547	462
其 他	4286	6742	3568	3645

资料来源：北京市公安局。

3-77　火灾事故情况(2017年)

各　区	火灾事故起数 (起)	火灾事故死亡人数 (人)	火灾事故直接经济损失额 (万元)
全　市	**3917**	**50**	**5941.3**
东 城 区	93	1	147.3
西 城 区	67	2	86.2
朝 阳 区	967	14	2059.5
丰 台 区	258	6	289.6
石景山区	64	1	114.7
海 淀 区	511		383.2
门头沟区	35		28.4
房 山 区	205	2	279.6
通 州 区	334		83.0
顺 义 区	250	3	180.4
昌 平 区	309	2	1246.3
大 兴 区	342	19	417.1
怀 柔 区	85		89.7
平 谷 区	235		230.8
密 云 区	81		168.4
延 庆 区	66		114.7
其　他	15		22.4

资料来源：北京市消防总队。

3-78　交通事故情况(2017年)

各　区	交通事故起数(起)	交通事故死亡人数(人)	交通事故直接经济损失(万元)
全　市	**3222**	**1376**	**3145.5**
东 城 区	133	29	30.1
西 城 区	78	21	99.3
朝 阳 区	276	143	115.2
丰 台 区	260	72	99.8
石景山区	50	18	56.6
海 淀 区	263	88	266.7
门头沟区	40	17	36.1
房 山 区	251	117	140.2
通 州 区	456	139	437.9
顺 义 区	372	196	801.5
昌 平 区	337	133	190.7
大 兴 区	300	153	361.4
怀 柔 区	62	42	99.8
平 谷 区	100	78	54.9
密 云 区	152	75	308.2
延 庆 区	76	49	43.4
其　他	16	6	3.7

资料来源：北京市公安局公安交通管理局。

3–79　生产安全情况(2017年)

各　区	生产安全事故数 (起)	生产安全死亡人数 (人)
全　市	**145**	**157**
东城区	4	4
西城区	3	3
朝阳区	22	23
丰台区	6	6
石景山区	2	2
海淀区	19	19
门头沟区	6	6
房山区	12	14
通州区	6	7
顺义区	6	11
昌平区	28	29
大兴区	16	17
怀柔区	7	8
平谷区	3	3
密云区	3	3
延庆区		
北京经济技术开发区	2	2

资料来源：北京市应急管理局。

3-80 污水处理情况(2017年)

各　区	污水处理厂(站)数 (座)	污水排放量 (万立方米)	污水处理量 (万立方米)
全　市	**829**	**187267**	**173113**
城 六 区	**99**	**125292**	**123413**
门头沟区	78	1802	1527
房 山 区	106	10246	8161
通 州 区	39	9100	7057
顺 义 区	46	7790	6155
昌 平 区	45	10691	7845
大 兴 区	11	7790	5887
怀 柔 区	127	3062	2697
平 谷 区	48	3386	2898
密 云 区	191	2254	1866
延 庆 区	36	1693	1445
北京经济技术开发区	3	4163	4163

资料来源：北京市水务局。

3-81 环境基本情况(2017年)

各区	二氧化硫(SO_2)年均浓度值(微克/立方米)	二氧化氮(NO_2)年均浓度值(微克/立方米)	可吸入颗粒物年均浓度值(微克/立方米)	细颗粒物(PM2.5)年均浓度值(微克/立方米)	林木绿化率(%)
全市	**8**	**46**	**84**	**58**	**61.0**
东城区	8	47	89	60	19.1
西城区	9	49	88	60	14.6
朝阳区	9	51	82	58	25.7
丰台区	9	49	90	62	39.9
石景山区	9	51	90	61	40.6
海淀区	9	49	81	56	40.5
门头沟区	7	39	81	54	69.2
房山区	9	39	87	57	61.8
通州区	11	52	105	67	32.9
顺义区	8	42	78	57	37.0
昌平区	7	37	75	52	66.9
大兴区	9	51	103	61	31.5
怀柔区	5	27	71	49	79.4
平谷区	8	29	73	59	71.6
密云区	7	35	74	50	73.1
延庆区	8	36	71	49	71.2

资料来源：北京市生态环境局、北京市园林绿化局提供。

3-82 垃圾处理情况(2017年)

各　区	垃圾无害化处理场(厂)个数 (个)	生活垃圾转运站个数 (个)	生活垃圾无害化处理量 (万吨)	生活垃圾无害化处理率(按垃圾清运量计算) (%)
全　市	**24**	**9**	**923.70**	**99.88**
东 城 区			49.77	100.00
西 城 区			65.26	100.00
朝 阳 区	3	2	213.86	100.00
丰 台 区	1	2	99.65	100.00
石景山区		1	19.96	100.00
海 淀 区	2	1	103.17	100.00
门头沟区	2	1	9.91	100.00
房 山 区	2	1	43.23	100.00
通 州 区	1	1	25.47	98.95
顺 义 区	1		41.64	99.64
昌 平 区	2		83.27	100.00
大 兴 区	3		103.75	99.94
怀 柔 区	2		17.49	97.06
平 谷 区	1		17.03	100.00
密 云 区	1		20.70	100.00
延 庆 区	3		9.54	99.38

资料来源：北京市城市管理委员会。

3-83 民用汽车(2017年)

单位：辆

各　区	民用汽车拥有量	#私人汽车
全　市	**5638309**	**4672244**
东城区	544162	398695
西城区	457260	390628
朝阳区	1029499	872420
丰台区	579733	498803
石景山区	156789	134266
海淀区	920801	805330
门头沟区	66193	52496
房山区	227965	190263
通州区	291866	232227
顺义区	253628	200202
昌平区	406202	345042
大兴区	349786	275437
怀柔区	91646	67913
平谷区	107013	78788
密云区	91662	77131
延庆区	64104	52603

资料来源：北京市公安局公安交通管理局。

3-84 备案停车场情况(2017年)

单位：个

各　区	备案停车场个数	备案停车场车位总数
全　市	**6967**	**2060352**
东 城 区	523	84785
西 城 区	828	137842
朝 阳 区	1656	484527
丰 台 区	940	310350
石景山区	224	60657
海 淀 区	1145	309370
门头沟区	122	34168
房 山 区	223	89632
通 州 区	297	102624
顺 义 区	108	43133
昌 平 区	297	145166
大 兴 区	272	113296
怀 柔 区	32	11246
平 谷 区	51	16841
密 云 区	84	23782
延 庆 区	25	8174
北京经济技术开发区	140	84759

注：本表统计范围为北京市辖区内全部备案停车场。
资料来源：北京市交通委员会。

2018
北京区域统计年鉴

第四章

BEIJING AREA
STATISTICAL YEARBOOK

开发区

简要说明

一、本章资料的主要内容

本章资料包括3家国家级开发区及16家北京市级开发区的规划面积、产值、利润、从业人员等主要指标情况。

二、本章资料的数据来源

本章资料主要由北京市统计局提供，4-2表由北京经济技术开发区统计局提供。

三、本章资料的统计范围情况

本章资料包括3家国家级开发区（北京经济技术开发区、中关村国家自主创新示范区、北京天竺综合保税区）和16家北京市级开发区的主要情况。

2012年底，国务院批复了中关村国家自主创新示范区空间规模和布局调整的方案，从2013年起，中关村国家自主创新示范区中部分园区的空间规模和布局进行了扩大调整，其中，昌平园和西城园规划面积变化较大，平谷园、门头沟园、房山园、顺义园、密云园、怀柔园和延庆园7个园区纳入中关村国家自主创新示范区统计范围。

北京市开发区情况框架图

开发区	国家级（3个）	北京经济技术开发区
		中关村国家自主创新示范区
		中关村国家自主创新示范区海淀园
		中关村国家自主创新示范区丰台园
		中关村国家自主创新示范区昌平园
		中关村国家自主创新示范区朝阳园
		中关村国家自主创新示范区亦庄园
		中关村国家自主创新示范区西城园
		中关村国家自主创新示范区东城园
		中关村国家自主创新示范区石景山园
		中关村国家自主创新示范区通州园
		中关村国家自主创新示范区大兴园
		中关村国家自主创新示范区平谷园
		中关村国家自主创新示范区门头沟园
		中关村国家自主创新示范区房山园
		中关村国家自主创新示范区顺义园
		中关村国家自主创新示范区密云园
		中关村国家自主创新示范区怀柔园
		中关村国家自主创新示范区延庆园
		北京天竺综合保税区
	市级（16个）	北京石龙经济开发区
		北京良乡经济开发区
		北京大兴经济开发区
		北京通州经济开发区
		北京雁栖经济开发区
		北京兴谷经济开发区
		北京密云经济开发区
		北京林河经济开发区
		北京天竺空港经济开发区
		北京八达岭经济开发区
		北京永乐经济开发区
		北京延庆经济开发区
		北京昌平小汤山工业园区
		北京采育经济开发区
		北京房山工业园区
		北京马坊工业园区

注：开发区情况截止到2017年末。

4-1 开发区基本情况(2017年)

项　　目		国家级	市 级
开发区个数	(个)	3	16
区规划总面积	(公顷)	46675.7	9263.0
累计已开发土地面积	(公顷)	31200.7	6658.3
累计已供应土地面积	(公顷)	29627.6	5320.1
累计已建成城镇建设用地面积	(公顷)	26147.4	5078.3
累计招商项目企业个数	(个)	83330	22558
累计招商项目总投资	(亿元)	28692.6	5228.8
累计招商项目注册资本	(亿元)	26874.5	4334.5
#三资企业	(亿元)	3326.1	350.5
累计招商项目合同外资金额	(亿美元)	384.3	55.1
累计招商项目外商实际投资	(亿美元)	289.1	62.9
固定资产投资	(亿元)	960.9	127.0
总收入	(亿元)	58029.8	5705.6
工业总产值	(亿元)	11280.7	1183.6
工业销售产值	(亿元)	10999.5	1174.3
利润总额	(亿元)	4443.3	428.3
应缴税金	(亿元)	2663.9	216.1

注：1.本表中的开发区包括北京市级及国家级开发区情况。

2.表内“累计”指自开始至年末的累计数。

3.本表“总收入”、“工业总产值”、“工业销售产值”、“利润总额”和“应缴税金”数据的统计范围为注册在开发区内的规模（限额）以上法人单位。

4-2 北京经济技术开发区主要指标

项目		2017	2016
规划面积	(公顷)	5960.0	4680.0
累计征用土地面积	(公顷)	5034.0	4924.0
工业总产值	(亿元)	3424.9	2842.5
#高新技术产业	(亿元)	2965.1	2581.7
销售(营业)收入	(亿元)	9810.1	8044.2
利润总额	(亿元)	585.0	399.7
进出口总值	(亿美元)	170.9	157.2
出　口	(亿美元)	53.0	49.5
进　口	(亿美元)	117.9	107.7
一般公共预算收入	(亿元)	214.6	169.3
一般公共预算支出	(亿元)	184.4	163.2
实际利用外资	(亿美元)	4.0	3.1
固定资产投资	(亿元)	358.5	386.7
从业人员期末人数	(人)	360595	345490
从业人员工资总额	(万元)	3858248	3382429

注：工业总产值、销售(营业)收入和利润总额指标的统计范围是规模(限额)以上法人单位（下同）。

4–3 中关村国家自主创新示范区主要指标

项　　目		2017	2016
土地开发情况			
规划总面积	(公顷)	42799.3	42799.5
累计已开发土地面积	(公顷)	29829.2	30177.8
累计已供应土地面积	(公顷)	25228.6	24756.0
累计已建成城镇建设用地	(公顷)	24866.9	24816.6
投产、人资情况			
投产(开业)企业个数	(个)	22013	19869
#高新技术企业	(个)	12984	11256
#工业企业	(个)	3045	3268
#三资企业	(个)	1430	1475
总投资	(亿元)	2882.2	2339.8
#工业企业	(亿元)	84.8	73.2
#三资企业	(亿元)	227.1	143.9
注册资本	(亿元)	2893.1	3230.6
合同外资金额	(亿美元)	37.2	23.7
外商实际投资	(亿美元)	32.1	21.0
企业经营活动情况			
工业总产值	(亿元)	10796.0	9937.7
工业销售产值	(亿元)	10534.2	9714.9
#出口交货值	(亿元)	791.1	719.7
总收入	(亿元)	53025.8	46047.6
#技术收入	(亿元)	9369.6	7580.4
利润总额	(亿元)	4321.1	3732.5
#高新技术企业	(亿元)	2253.7	2012.8
应缴税金总额	(亿元)	2598.4	2314.1
固定资产投资	(亿元)	686.4	741.1
从业人员期末人数	(人)	2620437	2482615

4-3 续表

项　　目		2017	2016
研发活动情况			
研发人员合计	(人)	735847	657015
#全职人员	(人)	693899	619077
企业内部的日常研发经费支出	(亿元)	2110.9	1728.7
#人员人工费(包括各种补贴)	(亿元)	1239.6	1003.4
原材料费	(亿元)	306.3	265.1
委托外单位开展研发的经费支出	(亿元)	206.6	142.2
#对境外支出	(亿元)	10.4	8.7
企业科技活动产出情况			
专利情况			
当年专利申请受理数	(件)	86419	74923
#发明专利	(件)	53441	49525
期末拥有有效发明专利数	(件)	114469	82890
当年专利授权数	(件)	46046	37629
论文、著作情况			
发表科技论文	(篇)	19621	20697
技术改造和技术获取情况			
技术改造经费支出	(亿元)	23.9	30.3
引进境外技术经费支出	(亿元)	13.4	13.0
引进境外技术的消化吸收经费支出	(亿元)	10.9	7.5
购买境内技术经费支出	(亿元)	9.6	10.1

4-3 续表1 海淀园主要指标

项 目		2017	2016
规划总面积	(公顷)	17430.6	17430.6
累计已开发土地面积	(公顷)	13970.6	13930.3
累计已供应土地面积	(公顷)	13763.8	13673.2
累计已建成城镇建设用地	(公顷)	13722.3	13506.3
投产(开业)企业个数	(个)	11242	9886
#高新技术企业	(个)	7428	6441
#工业企业	(个)	761	768
#三资企业	(个)	681	676
总投资	(亿元)	1890.5	1072.4
#工业企业	(亿元)	17.2	15.3
#三资企业	(亿元)	183.1	62.5
注册资本	(亿元)	1861.3	1966.8
合同外资金额	(亿美元)	30.0	11.9
外商实际投资	(亿美元)	24.9	9.1
工业总产值	(亿元)	2399.3	2140.0
工业销售产值	(亿元)	2297.3	2085.6
#出口交货值	(亿元)	176.0	108.5
总收入	(亿元)	21610.0	18355.4
#技术收入	(亿元)	4914.7	4076.1
利润总额	(亿元)	1579.4	1407.9
#高新技术企业	(亿元)	1027.5	997.7
应缴税金总额	(亿元)	845.1	746.8
固定资产投资	(亿元)	193.2	135.9
从业人员期末人数	(人)	1193564	1091198
研发人员数	(人)	413267	362976
企业内部日常研发经费支出	(亿元)	1156.1	920.7
当年专利申请数	(个)	42572	37580
当年专利授权数	(个)	21381	17193

4-3 续表2 丰台园主要指标

项　　目		2017	2016
规划总面积	(公顷)	1763.0	1763.0
累计已开发土地面积	(公顷)	374.8	367.5
累计已供应土地面积	(公顷)	237.4	237.4
累计已建成城镇建设用地	(公顷)	199.0	191.6
投产(开业)企业个数	(个)	1768	1877
#高新技术企业	(个)	677	604
#工业企业	(个)	197	253
#三资企业	(个)	52	61
总投资	(亿元)	329.3	429.7
#三资企业	(亿元)	1.3	
注册资本	(亿元)	329.3	429.7
工业总产值	(亿元)	397.5	276.6
工业销售产值	(亿元)	396.5	271.7
#出口交货值	(亿元)	10.0	8.0
总收入	(亿元)	5104.4	4403.3
#技术收入	(亿元)	682.3	503.9
利润总额	(亿元)	452.1	345.6
#高新技术企业	(亿元)	98.2	88.0
应缴税金总额	(亿元)	154.3	138.7
固定资产投资	(亿元)	66.0	128.0
从业人员期末人数	(人)	197232	173869
研发人员数	(人)	37523	30537
企业内部日常研发经费支出	(亿元)	110.9	76.7
当年专利申请数	(个)	4450	2931
当年专利授权数	(个)	3079	1833

4-3 续表3 昌平园主要指标

项　　　目		2017	2016
规划总面积	(公顷)	5140.3	5140.0
累计已开发土地面积	(公顷)	2741.7	2890.7
累计已供应土地面积	(公顷)	2718.0	2306.3
累计已建成城镇建设用地	(公顷)	1954.2	2766.3
投产(开业)企业个数	(个)	3076	2456
#高新技术企业	(个)	989	794
#工业企业	(个)	605	655
#三资企业	(个)	130	123
总投资	(万元)	488507	2210530
#工业企业	(万元)	67018	158334
#三资企业	(万元)	6800	4848
注册资本	(万元)	488507	2211352
合同外资金额	(万美元)	595	730
外商实际投资	(万美元)	595	730
工业总产值	(亿元)	1047.4	883.1
工业销售产值	(亿元)	1038.9	869.0
#出口交货值	(亿元)	61.1	54.3
总收入	(亿元)	3954.0	3669.1
#技术收入	(亿元)	236.6	232.2
利润总额	(亿元)	218.3	203.1
#高新技术企业	(亿元)	92.2	135.4
应缴税金总额	(亿元)	146.8	160.7
固定资产投资	(亿元)	16.5	22.5
从业人员期末人数	(人)	165581	160490
研发人员数	(人)	46199	42086
企业内部日常研发经费支出	(亿元)	127.7	109.7
当年专利申请数	(个)	5881	6051
当年专利授权数	(个)	4299	3453

4-3 续表4 朝阳园主要指标

项　　目		2017	2016
规划总面积	（公顷）	2610.0	2610.0
累计已开发土地面积	（公顷）	1471.9	1471.9
累计已供应土地面积	（公顷）	1447.1	1447.1
累计已建成城镇建设用地	（公顷）	1047.6	1047.6
投产（开业）企业个数	（个）	1439	1445
#高新技术企业	（个）	901	808
#工业企业	（个）	154	177
#三资企业	（个）	172	175
总投资	（万元）	701447	544692
#工业企业	（万元）		1890
#三资企业	（万元）	324454	65069
注册资本	（万元）	701447	544692
合同外资金额	（万美元）	51922	7746
外商实际投资	（万美元）	51922	7746
工业总产值	（亿元）	406.1	391.3
工业销售产值	（亿元）	393.4	385.0
#出口交货值	（亿元）	16.6	18.4
总收入	（亿元）	5538.9	4603.6
#技术收入	（亿元）	1258.1	1011.2
利润总额	（亿元）	344.1	441.9
#高新技术企业	（亿元）	268.9	229.6
应缴税金总额	（亿元）	520.7	449.3
固定资产投资	（亿元）	27.8	33.0
从业人员期末人数	（人）	232124	224576
研发人员数	（人）	63670	59031
企业内部日常研发经费支出	（亿元）	210.5	185.8
当年专利申请数	（个）	15309	11315
当年专利授权数	（个）	6802	5041

4-3 续表5 亦庄园主要指标

项 目		2017	2016
规划总面积	(公顷)	2678.0	2678.0
累计已开发土地面积	(公顷)	2678.0	2678.0
累计已供应土地面积	(公顷)		
累计已建成城镇建设用地	(公顷)	2678.0	2678.0
投产(开业)企业个数	(个)	862	863
#高新技术企业	(个)	533	523
#工业企业	(个)	289	314
#三资企业	(个)	153	180
工业总产值	(亿元)	2965.1	2581.7
工业销售产值	(亿元)	2885.8	2492.9
#出口交货值	(亿元)	394.4	394.7
总收入	(亿元)	5026.3	4436.9
#技术收入	(亿元)	279.1	316.4
利润总额	(亿元)	489.0	371.4
#高新技术企业	(亿元)	162.0	145.9
应缴税金总额	(亿元)	405.0	330.2
固定资产投资	(亿元)	94.5	135.6
从业人员期末人数	(人)	222621	241306
研发人员数	(人)	42311	38301
企业内部日常研发经费支出	(亿元)	137.0	117.7
当年专利申请数	(个)	4042	3604
当年专利授权数	(个)	2412	2362

4-3 续表6 西城园主要指标

项　　目		2017	2016
规划总面积	(公顷)	1000.0	1000.0
累计已开发土地面积	(公顷)	1000.0	1000.0
累计已供应土地面积	(公顷)	1000.0	1000.0
累计已建成城镇建设用地	(公顷)	1000.0	
投产(开业)企业个数	(个)	650	598
#高新技术企业	(个)	410	355
#工业企业	(个)	48	54
#三资企业	(个)	21	21
总投资	(万元)	3900268	2597790
#工业企业	(万元)	84028	100
#三资企业	(万元)		701290
注册资本	(万元)	3900268	2597790
合同外资金额	(万美元)	11037	105579
外商实际投资	(万美元)	11037	105579
工业总产值	(亿元)	1082.0	1007.4
工业销售产值	(亿元)	1080.7	1005.8
#出口交货值	(亿元)	3.6	4.5
总收入	(亿元)	2877.2	2686.9
#技术收入	(亿元)	340.3	250.2
利润总额	(亿元)	288.1	261.6
#高新技术企业	(亿元)	100.8	52.4
应缴税金总额	(亿元)	139.2	107.5
固定资产投资	(亿元)	10.7	7.3
从业人员期末人数	(人)	107701	104972
研发人员数	(人)	26746	26548
企业内部日常研发经费支出	(亿元)	57.4	49.4
当年专利申请数	(个)	3227	4061
当年专利授权数	(个)	2111	2176

4-3 续表7 东城园主要指标

项 目		2017	2016
规划总面积	(公顷)	603.0	603.0
累计已开发土地面积	(公顷)	288.8	288.8
累计已供应土地面积	(公顷)		
累计已建成城镇建设用地	(公顷)	288.8	288.8
投产(开业)企业个数	(个)	428	388
#高新技术企业	(个)	268	226
#工业企业	(个)	16	16
#三资企业	(个)	24	26
总投资	(亿元)	15.9	16.3
注册资本	(亿元)	15.9	16.3
工业总产值	(亿元)	45.4	31.2
工业销售产值	(亿元)	44.2	31.1
#出口交货值	(亿元)	1.5	1.1
总收入	(亿元)	2336.4	1910.4
#技术收入	(亿元)	854.2	506.6
利润总额	(亿元)	158.7	181.1
#高新技术企业	(亿元)	61.0	64.4
应缴税金总额	(亿元)	103.6	108.3
固定资产投资	(亿元)	99.8	110.3
从业人员期末人数	(人)	81189	73129
研发人员数	(人)	19077	17464
企业内部日常研发经费支出	(亿元)	68.6	57.5
当年专利申请数	(个)	1127	992
当年专利授权数	(个)	335	474

4-3 续表8 石景山园主要指标

项　　目		2017	2016
规划总面积	(公顷)	1334.0	1334.0
累计已开发土地面积	(公顷)	133.4	133.4
累计已供应土地面积	(公顷)	81.0	71.9
累计已建成城镇建设用地	(公顷)	133.4	133.4
投产(开业)企业个数	(个)	798	795
#高新技术企业	(个)	406	333
#工业企业	(个)	57	72
#三资企业	(个)	38	46
总投资	(亿元)	48.3	33.7
#工业企业	(亿元)	11.2	10.0
#三资企业	(亿元)	3.4	
注册资本	(亿元)	48.3	33.7
合同外资金额	(万美元)	3170	
外商实际投资	(万美元)	3170	
工业总产值	(亿元)	99.4	71.9
工业销售产值	(亿元)	97.1	72.0
#出口交货值	(亿元)	4.5	5.7
总收入	(亿元)	2139.5	1881.5
#技术收入	(亿元)	356.7	309.6
利润总额	(亿元)	423.2	308.3
#高新技术企业	(亿元)	110.0	52.5
应缴税金总额	(亿元)	80.2	79.3
固定资产投资	(亿元)	3.4	9.8
从业人员期末人数	(人)	90919	85642
研发人员数	(人)	21727	17928
企业内部日常研发经费支出	(亿元)	57.7	46.4
当年专利申请数	(个)	1367	1225
当年专利授权数	(个)	878	773

4-3 续表9 通州园主要指标

项目		2017	2016
规划总面积	(公顷)	3434.6	3434.6
累计已开发土地面积	(公顷)	2323.4	2553.3
累计已供应土地面积	(公顷)	1971.2	2088.9
累计已建成城镇建设用地	(公顷)	1284.6	1718.2
投产(开业)企业个数	(个)	344	318
#高新技术企业	(个)	297	259
#工业企业	(个)	207	213
#三资企业	(个)	36	36
总投资	(亿元)	23.8	17.8
#工业企业	(亿元)	9.9	13.7
#三资企业	(亿元)	4.5	4.3
注册资本	(亿元)	23.8	17.8
合同外资金额	(万美元)	3201	3453
外商实际投资	(万美元)	3201	3453
工业总产值	(亿元)	324.5	321.5
工业销售产值	(亿元)	313.2	314.0
#出口交货值	(亿元)	19.0	17.0
总收入	(亿元)	799.7	627.6
#技术收入	(亿元)	144.4	86.8
利润总额	(亿元)	78.1	63.3
#高新技术企业	(亿元)	79.3	53.2
应缴税金总额	(亿元)	36.1	31.5
固定资产投资	(亿元)	26.3	56.9
从业人员期末人数	(人)	49034	46726
研发人员数	(人)	10238	9738
企业内部日常研发经费支出	(亿元)	31.7	24.5
当年专利申请数	(个)	1331	1058
当年专利授权数	(个)	825	658

4-3 续表10 大兴园主要指标

项　目		2017	2016
规划总面积	(公顷)	1124.7	1124.7
累计已开发土地面积	(公顷)	710.2	710.2
累计已供应土地面积	(公顷)	559.0	559.0
累计已建成城镇建设用地	(公顷)	313.1	299.5
投产(开业)企业个数	(个)	294	284
#高新技术企业	(个)	244	232
#工业企业	(个)	184	210
#三资企业	(个)	17	20
总投资	(万元)	34668	31680
#工业企业	(万元)	8754	31680
#三资企业	(万元)	1818	
注册资本	(万元)	34668	21000
合同外资金额	(万美元)	282	
外商实际投资	(万美元)	282	
工业总产值	(亿元)	363.3	400.1
工业销售产值	(亿元)	357.1	382.9
#出口交货值	(亿元)	4.9	6.4
总收入	(亿元)	650.0	562.8
#技术收入	(亿元)	40.6	36.3
利润总额	(亿元)	41.4	40.8
#高新技术企业	(亿元)	31.7	32.9
应缴税金总额	(亿元)	27.9	27.3
固定资产投资	(亿元)	23.6	20.9
从业人员期末人数	(人)	47134	46159
研发人员数	(人)	10106	10127
企业内部日常研发经费支出	(亿元)	25.9	22.6
当年专利申请数	(个)	2029	1517
当年专利授权数	(个)	1040	751

4–3 续表11 平谷园主要指标

项　　目		2017	2016
规划总面积	(公顷)	508.0	508.0
累计已开发土地面积	(公顷)	227.7	227.7
累计已供应土地面积	(公顷)	103.4	103.4
累计已建成城镇建设用地	(公顷)	85.2	85.2
投产(开业)企业个数	(个)	109	96
#高新技术企业	(个)	68	53
#工业企业	(个)	47	52
#三资企业	(个)	13	13
总投资	(万元)	3500	19106
#三资企业	(万元)		300
注册资本	(万元)	3500	19106
合同外资金额	(万美元)		39
外商实际投资	(万美元)		39
工业总产值	(亿元)	50.8	84.7
工业销售产值	(亿元)	53.4	83.1
#出口交货值	(亿元)	1.8	3.8
总收入	(亿元)	134.5	122.2
#技术收入	(亿元)	7.2	6.3
利润总额	(亿元)	7.4	7.7
#高新技术企业	(亿元)	2.8	3.9
应缴税金总额	(亿元)	7.6	6.7
固定资产投资	(亿元)	4.5	5.2
从业人员期末人数	(人)	17495	13286
研发人员数	(人)	2548	2055
企业内部日常研发经费支出	(亿元)	4.4	3.9
当年专利申请数	(个)	168	135
当年专利授权数	(个)	90	111

4-3 续表12 门头沟园主要指标

项　　目		2017	2016
规划总面积	(公顷)	189.0	189.0
累计已开发土地面积	(公顷)	120.0	120.0
累计已供应土地面积	(公顷)	120.0	120.0
累计已建成城镇建设用地	(公顷)		
投产(开业)企业个数	(个)	137	120
#高新技术企业	(个)	100	75
#工业企业	(个)	42	44
#三资企业	(个)	4	3
总投资	(亿元)	10.6	16.2
#工业企业	(亿元)	2.3	
注册资本	(亿元)	12.3	16.2
工业总产值	(亿元)	78.7	70.6
工业销售产值	(亿元)	69.2	63.9
#出口交货值	(亿元)	19.0	15.9
总收入	(亿元)	219.3	174.6
#技术收入	(亿元)	30.7	22.7
利润总额	(万元)	153715	-2112
#高新技术企业	(万元)	177941	52304
应缴税金总额	(亿元)	13.5	10.7
固定资产投资	(亿元)	8.8	9.2
从业人员期末人数	(人)	18265	19401
研发人员数	(人)	5881	5285
企业内部日常研发经费支出	(亿元)	10.2	11.8
当年专利申请数	(个)	380	320
当年专利授权数	(个)	180	119

4-3　续表13 房山园主要指标

项　　目		2017	2016
规划总面积	(公顷)	1572.6	1573.0
累计已开发土地面积	(公顷)	1214.0	1231.3
累计已供应土地面积	(公顷)	1139.4	1060.6
累计已建成城镇建设用地	(公顷)	738.0	678.9
投产(开业)企业个数	(个)	207	149
#高新技术企业	(个)	156	102
#工业企业	(个)	90	86
#三资企业	(个)	7	7
总投资	(亿元)	8.4	7.5
#工业企业	(亿元)	7.5	7.5
注册资本	(亿元)	24.5	15.1
工业总产值	(亿元)	231.0	171.8
工业销售产值	(亿元)	224.0	168.2
#出口交货值	(亿元)	2.4	4.8
总收入	(亿元)	364.1	302.1
#技术收入	(亿元)	14.0	13.8
利润总额	(亿元)	17.6	19.3
#高新技术企业	(亿元)	13.5	16.3
应缴税金总额	(亿元)	17.3	15.3
固定资产投资	(亿元)	33.1	39.3
从业人员期末人数	(人)	34760	30460
研发人员数	(人)	5666	4622
企业内部日常研发经费支出	(亿元)	13.3	9.0
当年专利申请数	(个)	826	366
当年专利授权数	(个)	378	203

4-3　续表14 顺义园主要指标

项　　目		2017	2016
规划总面积	(公顷)	1208.5	1208.5
累计已开发土地面积	(公顷)	912.4	912.4
累计已供应土地面积	(公顷)	567.5	567.5
累计已建成城镇建设用地	(公顷)	410.7	410.7
投产(开业)企业个数	(个)	300	260
#高新技术企业	(个)	253	210
#工业企业	(个)	162	158
#三资企业	(个)	43	45
总投资	(万元)	244201	1893843
#工业企业	(万元)	30273	20282
#三资企业	(万元)	15068	61
注册资本	(万元)	244201	1893143
合同外资金额	(万美元)	1655	21
外商实际投资	(万美元)	1655	21
工业总产值	(亿元)	583.3	970.9
工业销售产值	(亿元)	582.9	958.0
#出口交货值	(亿元)	48.7	52.9
总收入	(亿元)	1256.0	1484.6
#技术收入	(亿元)	174.4	164.9
利润总额	(亿元)	163.9	29.9
#高新技术企业	(亿元)	147.6	92.1
应缴税金总额	(亿元)	55.8	62.7
固定资产投资	(亿元)	44.3	13.9
从业人员期末人数	(人)	100362	117238
研发人员数	(人)	20164	20720
企业内部日常研发经费支出	(亿元)	67.3	66.6
当年专利申请数	(个)	2600	2506
当年专利授权数	(个)	1421	1961

4-3　续表15 密云园主要指标

项　　目		2017	2016
规划总面积	（公顷）	1000.8	1000.8
累计已开发土地面积	（公顷）	699.3	699.3
累计已供应土地面积	（公顷）	607.0	607.0
累计已建成城镇建设用地	（公顷）	462.4	462.4
投产（开业）企业个数	（个）	135	129
#高新技术企业	（个）	99	100
#工业企业	（个）	76	78
#三资企业	（个）	11	13
总投资	（亿元）	15.5	3.2
#工业企业	（亿元）	15.5	
注册资本	（亿元）	39.0	3.3
外商实际投资	（万美元）		1702
工业总产值	（亿元）	192.5	138.8
工业销售产值	（亿元）	189.6	139.1
#出口交货值	（亿元）	9.3	9.8
总收入	（亿元）	269.4	213.4
#技术收入	（亿元）	8.4	6.9
利润总额	（亿元）	11.0	12.4
#高新技术企业	（亿元）	10.2	8.3
应缴税金总额	（亿元）	16.8	14.0
固定资产投资	（亿元）	14.1	2.7
从业人员期末人数	（人）	23174	17684
研发人员数	（人）	3288	3206
企业内部日常研发经费支出	（亿元）	8.6	8.0
当年专利申请数	（个）	245	674
当年专利授权数	（个）	334	251

4-3 续表16 怀柔园主要指标

项　　目		2017	2016
规划总面积	(公顷)	711.0	711.0
累计已开发土地面积	(公顷)	693.1	693.1
累计已供应土地面积	(公顷)	664.3	664.3
累计已建成城镇建设用地	(公顷)	359.2	359.2
投产(开业)企业个数	(个)	152	144
#高新技术企业	(个)	108	106
#工业企业	(个)	83	89
#三资企业	(个)	25	26
总投资	(万元)	23050	100340
#工业企业	(万元)	13050	42340
注册资本	(万元)	12104	19081
工业总产值	(亿元)	471.5	346.8
工业销售产值	(亿元)	455.0	346.3
#出口交货值	(亿元)	17.4	13.2
总收入	(亿元)	639.1	522.8
#技术收入	(亿元)	16.4	19.0
利润总额	(亿元)	24.7	34.9
#高新技术企业	(亿元)	22.3	30.6
应缴税金总额	(亿元)	24.3	21.4
固定资产投资	(亿元)	17.0	9.2
从业人员期末人数	(人)	31806	29995
研发人员数	(人)	6065	5244
企业内部日常研发经费支出	(亿元)	20.2	15.3
当年专利申请数	(个)	708	473
当年专利授权数	(个)	396	228

4-3　续表17　延庆园主要指标

项　　目		2017	2016
规划总面积	（公顷）	491.2	491.2
累计已开发土地面积	（公顷）	270.0	270.0
累计已供应土地面积	（公顷）	249.6	249.6
累计已建成城镇建设用地	（公顷）	190.6	190.6
投产（开业）企业个数	（个）	72	61
#高新技术企业	（个）	47	35
#工业企业	（个）	27	29
#三资企业	（个）	3	4
总投资	（万元）	2754	31942
#工业企业	（万元）	9876	12580
注册资本	（万元）	2754	11019
工业总产值	（亿元）	58.2	49.4
工业销售产值	（亿元）	55.9	46.3
#出口交货值	（亿元）	1.0	0.8
总收入	（亿元）	107.1	90.4
#技术收入	（亿元）	11.4	17.5
利润总额	（亿元）	8.7	3.4
#高新技术企业	（亿元）	8.0	4.3
应缴税金总额	（亿元）	4.2	3.6
固定资产投资	（亿元）	2.8	1.4
从业人员期末人数	（人）	7476	6484
研发人员数	（人）	1371	1147
企业内部日常研发经费支出	（亿元）	3.5	3.0
当年专利申请数	（个）	157	115
当年专利授权数	（个）	85	42

4-4 北京天竺综合保税区主要指标

项目		2017	2016
规划总面积	(公顷)	594.4	594.4
累计已开发土地面积	(公顷)	349.5	349.5
累计已供应土地面积	(公顷)	323.7	316.0
累计已建成城镇建设用地	(公顷)	258.5	249.2
投产(开业)企业个数	(个)	55	49
#高新技术企业	(个)	4	3
#工业企业	(个)	6	5
#三资企业	(个)	18	15
总投资	(万元)	751505	376660
#三资企业	(万元)	82523	500
注册资本	(万元)	155783	46020
合同外资金额	(万美元)	1127	
工业总产值	(亿元)	24.9	19.1
工业销售产值	(亿元)	22.5	18.3
#出口交货值	(亿元)	21.3	18.0
总收入	(亿元)	220.2	141.4
利润总额	(亿元)	26.2	12.6
#高新技术企业	(亿元)	6.0	4.5
应缴税金总额	(亿元)	9.9	6.5
固定资产投资	(亿元)	10.5	13.5
从业人员平均人数	(人)	15669	6650

注：1.北京天竺综合保税区为国家级综合保税区，范围包括北京天竺出口加工区和北京空港保税物流中心。
2.本表“投产(开业)企业个数”、“工业总产值”、“工业销售产值”、“总收入”、“利润总额”、“应缴税金总额”、“从业人员平均人数”的统计范围为注册在开发区内的规模(限额)以上法人单位。

4-5 北京市级开发区主要指标(2017年)

项 目	规划总面积（公顷）	累计已开发土地面积（公顷）	累计已供应土地面积（公顷）	累计已建成城镇建设用地（公顷）	投产(开业)企业个数（个）	总投资（万元）	总收入（万元）	利润总额（万元）	从业人员平均人数（人）
市级开发区合计	**9263.0**	**6658.3**	**5320.1**	**5078.3**	**1646**	**17989386**	**57055803**	**4283455**	**327209**
北京石龙经济开发区	189.0	120.0	120.0		450	2836158	8882938	490251	54924
北京良乡经济开发区	240.9	136.1	132.7	114.8	124		2501824	26558	10195
北京大兴经济开发区	414.8	294.3	299.7	278.5	138		3375121	231712	23123
北京通州经济开发区	1947.6	770.7	750.5	637.3	28	15000	486444	54989	5577
北京雁栖经济开发区	1096.0	1096.0	722.2	637.6	145	23050	4155480	266561	26351
北京兴谷经济开发区	503.2	571.7	421.6	596.0	63	16142	1587176	-29989	15889
北京密云经济开发区	1249.5	1249.5	1000.4	910.0	217		4368435	158013	36736
北京林河经济开发区	416.0	385.0	260.0	349.0	42	22045	1967556	105062	25196
北京天竺空港经济开发区	660.0	660.0	449.2	432.2	180	14460458	23952106	2576329	100306
北京八达岭经济开发区	909.8	443.2	392.6	411.6	94	291042	1167938	256866	10633
北京永乐经济开发区	459.8	219.3	137.1	137.1	15	223793	83760	4685	949
北京延庆经济开发区					85		1987177	71723	7019
北京昌平小汤山工业园区	257.3	23.5	23.5	45.3	3		18901	302	124
北京采育经济开发区	355.0	327.1	319.7	291.4	24	60288	2054039	67360	8251
北京房山工业园区	218.5	159.5	150.7	122.8	31	26502	439976	3674	1511
北京马坊工业园区	345.6	202.5	140.4	114.7	7	14908	26933	-641	425

注：本表“投产(开业)企业个数”、“总收入”、“利润总额”和“从业人员平均人数”的统计范围为注册在开发区内的规模(限额)以上法人单位。

2018

北京区域统计年鉴

第五章

BEIJING AREA STATISTICAL YEARBOOK

高端产业功能区

简要说明

一、本章资料的主要内容

本章资料主要反映高端产业功能区主要指标数据。

按统计制度规定，高端产业功能区中的中关村国家自主创新示范区按注册地统计，其他功能区都按经营地统计，因此，中关村国家自主创新示范区与其他 5 个功能区的单位有重复，在核算高端产业功能区合计时剔除了重复部分，所以分功能区数据相加不等于功能区合计。

二、本章资料的数据来源

本章资料由北京市统计局根据相关资料整理提供。

5-1 高端产业功能区规模以上法人单位主要财务指标（2008-2017年）

单位：亿元

项 目	2008	2009	2010	2011	2012
高端产业功能区资产总计	**231482.3**	**282433.8**	**326671.7**	**379132.6**	**439140.9**
（剔除重复部分）					
中关村国家自主创新示范区	12049.7	16812.7	20085.8	25903.4	35287.8
金融街	204394.6	247446.0	279566.7	321315.1	366544.0
北京商务中心区	6103.4	8291.6	14929.8	18299.4	22017.7
北京经济技术开发区	2179.2	2812.3	3691.0	4606.8	4863.5
临空经济区	3700.3	4133.8	4831.1	5279.7	5741.2
奥林匹克中心区	4585.8	5528.5	6577.4	6951.9	8643.9
高端产业功能区收入合计	**21641.5**	**24518.6**	**31499.2**	**37609.0**	**45451.8**
（剔除重复部分）					
中关村国家自主创新示范区	9945.8	12747.1	15587.7	19035.7	24283.4
金融街	5440.8	5627.1	6454.8	7096.3	8109.6
北京商务中心区	2345.8	2480.6	4338.7	4985.4	5854.5
北京经济技术开发区	2985.5	3241.3	3738.1	4136.4	4328.3
临空经济区	2096.6	2234.4	3029.3	3488.0	3619.3
奥林匹克中心区	1259.1	1465.0	2287.2	2624.6	2876.0
高端产业功能区利润总额	**2582.4**	**3112.7**	**4037.5**	**5341.4**	**6292.5**
（剔除重复部分）					
中关村国家自主创新示范区	757.1	1137.3	1319.4	1533.1	1755.3
金融街	1536.7	1449.1	1833.9	2762.1	3433.6
北京商务中心区	166.9	199.2	451.7	472.6	556.5
北京经济技术开发区	274.4	282.1	329.3	339.7	212.2
临空经济区	-13.9	154.7	265.2	317.9	257.3
奥林匹克中心区	90.9	167.2	174.2	228.9	286.1

注：自2010年起，北京商务中心区的数据为东扩后的数据。

5-1 续表

单位：亿元

项　　目	2013	2014	2015	2016	2017
高端产业功能区资产总计	**551156.0**	**631584.0**	**753426.6**	**880708.7**	**955548.8**
（剔除重复部分）					
中关村国家自主创新示范区	46156.4	58737.7	73131.4	91154.6	107575.0
金融街	462465.0	520272.5	620991.5	720852.1	765117.0
北京商务中心区	26715.9	32455.1	39212.2	45139.9	54516.1
北京经济技术开发区	5460.3	6364.2	7227.3	8727.9	13687.4
临空经济区	6325.1	7930.5	7940.9	8644.7	9687.5
奥林匹克中心区	9727.4	11958.6	12860.2	16599.2	17740.5
高端产业功能区收入合计	**51567.1**	**58432.2**	**63979.0**	**69805.3**	**78261.8**
（剔除重复部分）					
中关村国家自主创新示范区	29655.8	35154.6	39516.6	44326.4	51337.5
金融街	8093.2	8895.2	10764.0	10016.0	10054.6
北京商务中心区	7018.3	7278.1	7018.3	7201.2	7362.4
北京经济技术开发区	4787.3	5589.9	6670.1	8065.6	9795.6
临空经济区	3790.8	4774.4	3986.6	4149.0	4210.6
奥林匹克中心区	3041.1	2692.0	2618.8	4269.9	4790.8
高端产业功能区利润总额	**6941.2**	**8302.3**	**10863.7**	**9872.3**	**11001.5**
（剔除重复部分）					
中关村国家自主创新示范区	2247.5	3014.0	3443.3	3761.7	4357.6
金融街	3513.3	3740.5	5701.8	4320.4	4823.7
北京商务中心区	707.2	1010.6	1134.4	1335.9	1363.2
北京经济技术开发区	276.5	249.2	384.6	399.7	581.5
临空经济区	281.9	385.6	412.9	330.4	384.1
奥林匹克中心区	199.7	199.9	195.5	220.8	87.1

注：自2016年起，奥林匹克中心区数据为范围调整后数据。

5-2 高端产业功能区规模以上法人单位主要财务指标（2017年）

项　　目	法人单位数（个）	资产总计（亿元）	收入合计（亿元）	利润总额（亿元）
高端产业功能区合计	**12600**	**955548.8**	**78261.8**	**11001.5**
（剔除重复部分）				
中关村国家自主创新示范区	7690	107575.0	51337.5	4357.6
#工　业	1638	19399.0	12006.5	1192.9
信息传输、软件和信息技术服务业	2625	17403.0	7983.8	878.2
科学研究和技术服务业	1535	15554.0	5989.1	456.5
金融街	657	765117.0	10054.6	4823.7
#金融业	215	720620.8	7017.1	2228.9
批发和零售业	37	2647.8	1103.8	30.5
信息传输、软件和信息技术服务业	24	21733.0	469.8	2178.7
北京商务中心区	1730	54516.1	7362.4	1363.2
#租赁和商务服务业	564	4840.5	1419.7	77.3
批发和零售业	266	3453.3	2886.7	142.1
金融业	200	41005.4	1750.1	971.2
北京经济技术开发区	844	13687.4	9795.6	581.5
#工　业	287	4187.9	3533.2	431.6
批发和零售业	160	3776.6	4983.3	40.7
科学研究和技术服务业	94	465.0	173.8	13.5
临空经济区	847	9687.5	4210.6	384.1
#工　业	108	1075.2	1107.7	5.0
交通运输、仓储和邮政业	157	3302.7	1746.5	172.6
租赁和商务服务业	66	2143.0	155.3	51.2
奥林匹克中心区	1546	17740.5	4790.8	87.1
#工　业	23	373.4	122.2	-1.1
批发和零售业	288	4293.9	2446.8	-144.2
交通运输、仓储和邮政业	18	475.9	139.4	66.7

注：1.本表行业划分执行《国民经济行业分类》（GB/T 4754-2011）标准。

2.奥林匹克中心区数据为范围调整后数据。

2018

北京区域统计年鉴

第六章

BEIJING AREA

STATISTICAL YEARBOOK

直辖市

简要说明

一、本章资料的主要内容

本章资料主要包括2017年北京、天津、上海、重庆四个直辖市的自然资源，经济发展，社会领域的主要指标数据。

二、本章资料的数据来源

北京市数据由北京市统计局根据相关资料整理，天津、上海、重庆的数据分别摘自2018年出版的《天津统计年鉴》、《上海统计年鉴》、《重庆统计年鉴》以及《中国统计年鉴》。

6-1 京津沪渝主要指标(2017年)
——自然情况

项目		北京	天津	上海	重庆
土地面积	(平方公里)	16411	11966	6341	82403
平均气温	(摄氏度)	14.2	14.0	17.7	18.4
平均相对湿度	(%)	50	56	75	79
降水量	(毫米)	576.2	520.1	1388.8	1196.2
日照时数	(小时/年)	2600	2578	1809	1049
湿地面积	(千公顷)	48.1	295.6	464.6	207.2
自然保护区个数	(个)	21	8	4	58
自然保护区面积	(万公顷)	13.80	9.06	13.70	80.60

6-2　京津沪渝主要指标(2017年)
——经　济

项　目		北　京	天　津	上　海	重　庆
地区生产总值	(亿元)	28014.9	18549.2	30633.0	19500.3
第一产业	(亿元)	120.4	169.0	110.8	1339.6
第二产业	(亿元)	5326.8	7593.6	9330.7	8596.6
第三产业	(亿元)	22567.8	10786.6	21191.5	9564.0
地区生产总值构成	(%)	100.0	100.0	100.0	100.0
第一产业	(%)	0.4	0.9	0.3	6.9
第二产业	(%)	19.0	40.9	30.5	44.1
第三产业	(%)	80.6	58.2	69.2	49.0
人均地区生产总值	(元)	128994	118944	126634	63689
全社会固定资产投资	(亿元)	8948.1	11274.7	7246.6	17440.6
#房地产开发投资	(亿元)	3745.9	2233.4	3856.5	3980.1
一般公共预算收入	(亿元)	5430.8	2310.4	6642.3	2252.4
一般公共预算支出	(亿元)	6824.5	3282.5	7547.6	4336.3
居民消费价格总指数(以上年=100)	(%)	101.9	102.1	101.7	101.0
城镇单位在岗职工工资总额	(亿元)	10182.8	2316.7	—	2668.1
城镇单位在岗职工平均工资	(元)	134994	100506	130765	73272
城镇登记失业率	(%)	1.43	3.50	3.90	3.40
社会消费品零售总额	(亿元)	11575.4	5729.7	11746.0	8067.7
地区进出口总值	(亿美元)	3237.2	1129.5	4761.2	666.0
实际利用外商直接投资	(亿美元)	243.3	106.1	170.1	22.2
接待入境旅游者人数	(万人次)	392.6	345.1	873.0	358.4
金融机构(含外资)本外币存款余额	(亿元)	144086.0	30940.8	112461.7	34853.5

注：1.表中城镇单位在岗职工工资总额和平均工资数据口径为城镇非私营在岗职工工资。
　　2.表中天津全社会固定资产投资为固定资产投资（不含农户）数据。

6-3 京津沪渝主要指标(2017年)
——社 会

项目		北京	天津	上海	重庆
常住人口	(万人)	2170.7	1556.9	2418.3	3075.2
户籍人口	(万人)	1359.2	1050.0	1455.1	3389.8
从业人员	(万人)	1246.8	894.8	1372.7	1714.6
第一产业	(万人)	48.8	62.7	42.4	474.9
第二产业	(万人)	192.8	290.9	430.5	461.7
第三产业	(万人)	1005.2	541.2	899.7	778.0
普通高等学校在校学生数	(万人)	58.1	51.5	51.5	80.5
普通中学在校学生数	(万人)	43.0	42.6	57.1	159.2
小学在校学生数	(万人)	87.6	64.8	78.5	210.0
研究与试验发展经费支出	(亿元)	1579.7	458.7	1205.2	364.6
公共图书馆图书总藏量	(万册)	3848.0	1662.0	3483.4	1671.8
电影放映场次	(万场次)	273.9	115.4	337.0	—
结婚对数	(万对)	15.1	9.5	10.9	26.6
离婚对数	(万对)	8.1	6.1	5.7	13.4
城镇居民人均住房面积	(平方米)	32.56	—	36.70	35.28
农村居民人均住房面积	(平方米)	44.89	—	—	54.81
城镇居民人均可支配收入	(元)	62406	40278	62596	32193
农村居民人均可支配收入	(元)	24240	21754	27825	12638
医院个数	(个)	732	426	363	745
医院床位数	(万张)	11.36	6.02	11.59	15.03
卫生机构拥有执业医师人数	(万人)	10.57	4.11	6.83	6.84
城市绿化覆盖率	(%)	48.4	36.3	39.1	40.4

注：1.本表中居民人均住房面积指标，北京、重庆数据为建筑面积，上海数据为居住面积。
2.本表中城市绿化覆盖率天津、上海、重庆为建成区绿化覆盖率。

第七章

全国主要经济区域

简要说明

一、本章资料的主要内容

本章资料包括2017年全国、京津冀地区、长江三角洲地区、珠江三角洲地区主要情况，内容涵盖了人口、就业、产业、经济发展、人民生活等方面。

二、本章资料的数据来源

本章中北京市数据由北京市统计局根据相关资料整理提供，全国及天津、河北、上海、江苏、浙江、广东六省市数据分别摘自2018年出版的《中国统计年鉴》、《天津统计年鉴》、《河北经济年鉴》、《上海统计年鉴》、《江苏统计年鉴》、《浙江统计年鉴》、《广东统计年鉴》。

7-1 三大经济区域主要城市指标
——土地、人口

地 区	土地面积 (平方公里)	常住人口(万人)		
		2017	2016	增长速度 (%)
全 国	**9600000**	**139008**	**138271**	**0.5**
京津冀地区				
北 京	16411	2170.7	2172.9	-0.1
天 津	11966	1556.9	1562.1	-0.3
河 北	187693	7519.5	7470.0	0.7
石家庄	15848	1088.0	1078.5	0.9
唐 山	13472	789.7	784.4	0.7
秦皇岛	7523	311.1	309.5	0.5
邯 郸	12062	951.1	949.3	0.2
邢 台	12486	735.2	732.0	0.4
保 定	20584	1169.1	1163.5	0.5
张家口	36873	443.3	442.5	0.2
承 德	39548	356.5	353.2	0.9
沧 州	14053	755.5	750.6	0.7
廊 坊	6429	474.1	461.5	2.7
衡 水	8815	446.0	445.3	0.2
长江三角洲地区				
上 海	6341	2418.3	2419.7	-0.1
江 苏	107200	8029.3	7998.6	0.4
浙 江	105500	5657.0	5590.0	1.2
珠江三角洲地区				
广 州	7249	1449.8	1404.4	3.2
深 圳	1997	1252.8	1190.8	5.2
珠 海	1736	176.5	167.5	5.4
佛 山	3798	765.7	746.3	2.6
惠 州	11347	477.7	477.5	0.04
东 莞	2460	834.3	826.1	1.0
中 山	1784	326.0	323.0	0.9
江 门	9507	456.2	454.4	0.4
肇 庆	14891	411.5	408.5	0.8

7-2 三大经济区域主要城市指标
——地区生产总值

单位：亿元

地区	地区生产总值			第一产业		
	2017	2016	增长速度(%)	2017	2016	增长速度(%)
全国	**827121.7**	**743585.5**	**6.9**	**65467.6**	**63672.8**	**3.9**
京津冀地区						
北京	28014.9	25669.1	6.7	120.4	129.8	-5.9
天津	18549.2	17837.9	3.6	169.0	168.5	2.8
河北	34016.3	32070.5	6.6	3130.0	3492.8	3.9
石家庄	6177.0	5927.7	7.2	394.6	480.9	2.3
唐山	6530.1	6354.9	6.3	465.7	599.0	6.1
秦皇岛	1500.3	1349.4	7.3	193.0	195.9	5.3
邯郸	3379.5	3361.1	7.0	306.9	417.2	2.8
邢台	2090.6	1975.7	7.1	247.9	269.8	3.1
保定	3449.7	3477.1	6.1	389.9	452.7	-1.1
张家口	1427.0	1466.0	6.7	200.6	266.0	3.2
承德	1465.5	1438.6	7.0	235.0	237.8	-1.6
沧州	3643.4	3544.7	6.7	263.2	308.6	3.5
廊坊	2881.0	2720.5	6.9	190.1	198.3	5.0
衡水	1523.2	1420.2	7.2	187.6	184.3	3.8
长江三角洲地区						
上海	30633.0	28183.5	6.9	110.8	114.3	-0.8
江苏	85900.9	77388.3	7.2	4076.7	4077.2	2.2
浙江	51768.3	47251.4	7.8	1933.9	1965.2	2.7
珠江三角洲地区						
广州	21503.2	19782.2	7.0	220.5	216.0	2.2
深圳	22490.1	20079.7	8.8	19.6	8.3	27.0
珠海	2675.2	2267.0	10.8	48.8	45.2	8.7
佛山	9398.5	8757.7	8.3	133.7	135.2	2.0
惠州	3830.6	3453.1	7.6	166.6	164.2	4.5
东莞	7582.1	6937.1	8.1	22.9	22.8	2.1
中山	3430.3	3248.7	6.6	55.6	60.9	-6.4
江门	2690.3	2444.1	8.1	187.4	183.7	2.6
肇庆	2110.0	2100.6	5.2	326.6	317.7	3.6

注：河北各市2016年地区生产总值数据摘自《河北经济年鉴2017》。

7-2 续表

单位：亿元

地区	第二产业			第三产业			人均地区生产总值(元)		
	2017	2016	增长速度(%)	2017	2016	增长速度(%)	2017	2016	增长速度(%)
全国	**334622.6**	**296547.7**	**6.1**	**427031.5**	**383365.0**	**8.0**	**59660**	**53935**	**6.3**
京津冀地区									
北京	5326.8	4944.4	4.7	22567.8	20594.9	7.3	128994	118198	6.7
天津	7593.6	7571.4	1.1	10786.6	10098.1	6.0	118944	114747	3.3
河北	15846.2	15256.9	3.0	15040.1	13320.7	11.3	45387	43062	6.6
石家庄	2714.3	2693.9	3.6	3068.1	2752.9	11.3	57024	55177	7.2
唐山	3640.6	3499.9	4.0	2423.8	2256.0	11.0	82972	81239	6.3
秦皇岛	512.7	468.6	2.4	794.6	684.8	10.6	48356	43755	7.3
邯郸	1619.5	1600.2	5.4	1453.2	1343.7	9.8	35567	35519	7.0
邢台	953.3	925.8	3.6	889.5	780.2	10.9	28499	27038	7.1
保定	1584.9	1681.9	3.1	1475.0	1342.5	11.5	29580	29992	6.1
张家口	511.1	547.2	2.7	715.4	652.8	11.1	32219	33142	6.7
承德	610.2	658.8	4.4	620.3	542.0	11.0	41299	40741	7.0
沧州	1775.5	1757.8	4.3	1604.7	1478.3	11.5	48384	47425	6.7
廊坊	1258.5	1203.8	5.0	1432.5	1318.4	10.1	61586	59281	6.9
衡水	690.9	668.3	3.7	644.7	567.5	11.1	34177	31955	7.2
长江三角洲地区									
上海	9330.7	8406.3	5.8	21191.5	19662.9	7.5	126634	116582	6.8
江苏	38654.9	34619.5	6.6	43169.4	38691.6	8.2	107189	96887	6.8
浙江	22232.1	21194.6	6.6	27602.3	24091.6	9.2	92057	84916	6.6
珠江三角洲地区									
广州	6011.0	5912.9	4.6	15271.7	13653.2	8.2	150678	143638	3.2
深圳	9318.1	8310.7	9.2	13152.4	11760.8	8.4	183544	172453	3.9
珠海	1287.2	1114.5	10.9	1339.2	1107.3	10.8	155502	137005	6.6
佛山	5424.7	5279.3	8.2	3840.2	3343.2	8.5	124324	117606	6.6
惠州	2017.2	1885.1	2.5	1646.8	1403.8	15.0	80205	72465	7.4
东莞	3663.2	3268.3	10.7	3896.0	3646.0	5.7	91329	84007	7.5
中山	1725.0	1729.9	4.8	1649.7	1457.9	9.3	105711	100897	5.8
江门	1325.0	1178.1	9.2	1177.9	1082.3	7.9	59089	53932	7.6
肇庆	771.5	1014.0	2.3	1011.9	769.0	9.9	51464	51586	4.5

7-3 三大经济区域主要城市指标
——财政、金融

单位：亿元

地区	一般公共预算收入			一般公共预算支出		
	2017	2016	增长速度(%)	2017	2016	增长速度(%)
全 国	**91469.4**	**87239.4**	**4.8**	**173228.3**	**160351.4**	**8.0**
京津冀地区						
北 京	5430.8	5081.3	6.9	6824.5	6406.8	6.5
天 津	2310.4	2723.5	-10.4	3282.5	3699.4	-11.3
河 北	3233.8	2849.9	13.5	6639.2	6049.5	9.7
石家庄	475.5	410.7	15.8	847.4	746.1	13.6
唐 山	380.3	355.1	7.1	662.6	642.5	3.1
秦皇岛	118.6	116.0	2.2	262.7	245.6	7.0
邯 郸	220.1	204.5	7.6	547.0	531.6	2.9
邢 台	126.7	111.5	13.7	418.5	409.4	2.2
保 定	278.4	240.1	16.0	718.0	612.1	17.3
张家口	135.8	141.7	-4.2	472.6	415.2	13.8
承 德	89.2	82.1	8.6	337.6	303.8	11.2
沧 州	239.5	220.4	8.7	550.5	504.9	9.0
廊 坊	331.5	338.7	-2.1	582.7	508.9	14.5
衡 水	103.5	95.7	8.1	298.3	302.8	-1.5
长江三角洲地区						
上 海	6642.3	6088.0	9.1	7547.6	6918.9	9.1
江 苏	8171.5	8121.2	0.6	10621.4	9982.0	6.4
浙 江	5804.4	5302.0	9.5	7530.3	6974.3	8.0
珠江三角洲地区						
广 州	1536.7	1393.6	10.3	2186.0	1943.8	12.5
深 圳	3332.1	3136.5	6.2	4593.8	4211.0	9.1
珠 海	314.4	292.4	7.5	493.9	417.2	18.4
佛 山	661.6	604.5	9.4	775.0	695.9	11.4
惠 州	389.1	361.3	7.7	554.0	509.1	8.8
东 莞	592.1	544.8	8.7	667.7	599.3	11.4
中 山	312.8	295.0	6.0	455.2	367.6	23.8
江 门	222.4	204.2	8.9	333.3	293.2	13.7
肇 庆	94.9	91.7	3.4	271.2	248.2	9.3

7-3 续表

单位：亿元

地区	金融机构人民币存款余额			金融机构人民币贷款余额			住户存款余额		
	2017	2016	增长速度(%)	2017	2016	增长速度(%)	2017	2016	增长速度(%)
全国	**1641044**	**1505864**	**9.0**	**1201321**	**1066040**	**12.7**	**643767.6**	**597751.1**	**7.7**
京津冀地区									
北京	137952.1	132791.9	3.9	63382.5	56618.9	11.9	30377.2	29505.7	3.0
天津	29746.2	29041.4	2.4	30103.1	27368.0	10.0	9558.1	9125.4	4.7
河北	60033.0	55513.3	8.1	42891.2	37352.2	14.8	35573.3	32710.9	8.8
长江三角洲地区									
上海	105161.8	103197.7	1.9	62258.0	54696.5	13.8	25763.2	25113.0	2.6
江苏	129942.9	121106.6	7.3	102113.3	91107.6	12.1	46088.0	43900.5	5.0
浙江	104000.6	96438.2	7.8	88606.5	79926.1	10.9	40192.5	38077.1	5.6
珠江三角洲地区									
广州	48290.5	45937.3	5.1	32571.1	28885.5	12.8	14555.0	13939.7	4.4
深圳	62760.4	59562.3	5.4	39940.6	35165.5	13.6	10807.5	10361.2	4.3
珠海	6442.6	5689.1	13.2	4647.1	3915.6	18.7	1506.4	1419.7	6.1
佛山	13561.8	12789.6	6.0	9075.1	8515.6	6.6	6938.2	6652.3	4.3
惠州	5061.9	4544.7	11.4	3798.6	3155.1	20.4	2151.0	1944.7	10.6
东莞	11767.1	11198.4	5.1	6800.6	6402.5	6.2	5097.6	4878.8	4.5
中山	5093.2	4690.5	8.6	3535.5	3238.0	9.2	2405.0	2277.3	5.6
江门	4118.1	3870.1	6.4	2720.5	2367.1	14.9	2546.2	2400.9	6.1
肇庆	2233.8	2023.1	10.4	1493.8	1283.2	16.4	1379.8	1263.1	9.2

7-4 三大经济区域主要城市指标
——投资、消费

单位：亿元

地　区	全社会固定资产投资			#房地产开发			社会消费品零售总额		
	2017	2016	增长速度(%)	2017	2016	增长速度(%)	2017	2016	增长速度(%)
全　国	**641238.4**	**606465.7**	**7.0**	**109798.5**	**102580.6**	**7.0**	**366261.6**	**332316.3**	**10.2**
京津冀地区									
北　京	8948.1	8461.7	5.7	3745.9	4045.4	-7.4	11575.4	11005.1	5.2
天　津	11274.7	11223.5	0.5	2233.4	2300.0	-2.9	5729.7	5635.8	1.7
河　北	33406.8	31750.0	5.2	4823.9	4695.6	2.7	15907.6	14364.7	10.7
石家庄	6353.2	5957.6	6.6	1243.6	1036.3	20.0	3296.0	2975.2	10.8
唐　山	5365.3	5036.3	6.5	357.7	458.9	-22.1	2617.2	2371.1	10.4
秦皇岛	890.5	892.5	-0.2	167.0	251.7	-33.7	775.2	699.8	10.8
邯　郸	4029.1	3818.4	5.5	475.2	381.7	24.5	1674.2	1508.9	11.0
邢　台	2169.6	2066.9	5.0	196.8	191.5	2.8	1076.2	969.9	11.0
保　定	2939.5	2965.0	-0.9	629.2	735.8	-14.5	2026.0	1828.2	10.8
张家口	1655.3	1647.3	0.5	390.8	326.0	19.9	752.5	683.2	10.2
承　德	1751.0	1632.8	7.2	152.9	136.6	12.0	603.4	543.3	11.1
沧　州	3759.1	3530.7	6.5	253.4	283.4	-10.6	1355.2	1227.8	10.4
廊　坊	2663.9	2490.8	6.9	758.0	703.6	7.7	980.4	881.9	11.2
衡　水	1322.7	1255.2	5.4	199.1	190.1	4.8	751.5	675.4	11.3
长江三角洲地区									
上　海	7246.6	6755.9	7.3	3856.5	3709.0	4.0	11746.0	10946.6	7.3
江　苏	53277.0	49663.2	7.3	9629.1	8956.4	7.5	31737.4	28707.1	10.6
浙　江	31126.0	29571.0	5.3	8226.8	7469.4	10.1	24308.5	21970.8	10.6
珠江三角洲地区									
广　州	5919.8	5703.6	3.8	2702.9	2540.9	6.4	9402.6	8706.5	8.0
深　圳	5147.3	4078.2	26.2	2135.9	1756.5	21.6	6016.2	5512.8	9.1
珠　海	1662.0	1389.8	19.6	666.1	641.0	3.9	1128.2	1016.1	11.0
佛　山	4265.8	3512.0	21.5	1454.0	1230.0	18.2	3320.4	3017.8	10.0
惠　州	2234.9	2039.7	9.6	884.2	747.6	18.3	1363.5	1227.9	11.0
东　莞	1712.8	1557.5	10.0	702.2	642.8	9.2	2687.9	2470.8	8.8
中　山	1248.5	1149.0	8.7	624.0	543.6	14.8	1309.9	1205.8	8.6
江　门	1774.8	1517.8	16.9	450.6	353.6	27.4	1279.6	1159.1	10.4
肇　庆	1497.6	1373.7	9.0	208.0	145.2	43.3	809.9	732.0	10.6

注：本表中天津、浙江的全社会固定资产投资为固定资产投资（不含农户）口径。

7-5 三大经济区域主要城市指标
——对外经济贸易

单位：亿美元

地区	出口值			进口值			实际利用外商直接投资		
	2017	2016	增长速度(%)	2017	2016	增长速度(%)	2017	2016	增长速度(%)
全　国	**22633.7**	**20976.3**	**7.9**	**18437.9**	**15879.3**	**16.1**	**1310.4**	**1260.0**	**4.0**
京津冀地区									
北　京	585.0	520.2	12.5	2652.2	2303.6	15.1	243.3	130.3	86.7
天　津	435.7	442.9	-1.6	693.8	583.7	18.8	106.1	101.0	5.0
河　北	313.6	305.8	2.6	184.5	160.5	14.6	84.9	73.5	15.4
石家庄	78.4	70.2	11.6	48.9	45.8	6.0	12.9	11.8	9.9
唐　山	54.7	71.1	-23.1	44.5	36.2	22.4	15.8	14.4	10.0
秦皇岛	31.8	29.6	7.5	18.1	14.4	26.3	10.1	6.6	53.9
邯　郸	13.5	15.7	-14.3	8.4	9.5	-12.4	10.7	9.7	10.6
邢　台	16.3	13.5	21.1	4.9	4.5	9.3	5.8	5.1	14.7
保　定	38.2	29.4	30.1	11.7	11.3	3.5	6.9	6.6	3.2
张家口	3.3	4.0	-17.7	1.8	1.6	14.1	4.0	4.1	-3.2
承　德	4.3	4.4	-2.7	0.2	0.4	-51.7	0.3	1.1	-75.4
沧　州	23.9	21.0	14.0	12.6	7.5	68.3	6.2	4.2	47.5
廊　坊	22.6	22.6	-0.1	30.9	27.2	13.6	9.7	7.8	23.7
衡　水	26.7	24.4	9.6	2.6	2.2	16.9	2.5	2.2	15.9
长江三角洲地区									
上　海	1936.8	1834.7	5.6	2824.4	2503.4	12.8	170.1	185.1	-8.1
江　苏	3633.0	3193.4	13.8	2278.4	1902.7	19.7	251.4	245.4	2.4
浙　江	2868.9	2678.6	7.1	910.1	687.1	32.5	179.0	175.8	1.8
珠江三角洲地区									
广　州	853.2	781.8	9.1	579.3	511.3	13.3	62.9	57.0	10.3
深　圳	2443.6	2373.4	3.0	1697.9	1611.0	5.4	74.0	67.3	9.9
珠　海	278.9	273.3	2.0	164.0	144.0	13.8	24.3	22.9	6.0
佛　山	464.8	469.8	-1.1	177.8	152.0	16.9	16.2	14.7	10.3
惠　州	329.6	298.8	10.3	174.6	162.7	7.3	11.4	11.4	0.1
东　莞	1038.1	990.1	4.8	772.9	734.8	5.2	17.2	39.3	-56.2
中　山	302.8	266.6	13.6	77.8	71.9	8.2	5.1	4.7	7.3
江　门	158.6	150.3	5.5	45.8	40.6	12.7	5.1	4.8	7.3
肇　庆	32.8	46.8	-30.0	20.0	22.6	-11.5	1.8	3.7	-51.1

注：各地区进出口数据按经营单位所在地统计。

7-6 三大经济区域主要城市指标
——旅 游

地 区	入境旅游者人数(万人次)			旅游创汇(亿美元)		
	2017	2016	增长速度(%)	2017	2016	增长速度(%)
全 国	**13948.2**	**13844.4**	**0.8**	**1234.2**	**1200.0**	**2.8**
京津冀地区						
北 京	392.6	416.5	-5.8	51.3	50.7	1.2
天 津	345.1	335.0	3.0	37.5	35.6	5.5
河 北	160.2	147.6	8.5	7.6	6.7	13.4
长江三角洲地区						
上 海	873.0	854.4	2.2	68.1	65.3	4.3
江 苏	370.1	329.8	12.2	41.9	38.0	10.3
浙 江	1211.7	1120.3	8.2	82.8	74.3	11.4
珠江三角洲地区						
广 州	897.1	862.5	4.0	63.1	62.7	0.7
深 圳	1203.4	1171.2	2.8	49.9	47.3	5.5
珠 海	318.3	317.2	0.3	12.1	10.4	15.8
佛 山	146.1	139.8	4.5	15.1	14.4	4.9
惠 州	238.9	227.5	5.0	9.7	9.3	4.7
东 莞	254.3	253.4	0.3	16.0	15.5	2.7
中 山	66.1	62.2	6.3	3.5	2.7	29.9
江 门	229.4	222.7	3.0	12.9	10.9	18.0
肇 庆	49.9	51.5	-3.1	3.5	3.3	6.7

7-7 三大经济区域主要城市指标
——价 格

单位：%

地 区	居民消费价格指数		工业生产者出厂价格指数		工业生产者购进价格指数	
	2017	2016	2017	2016	2017	2016
全 国	**101.6**	**102.0**	**106.3**	**98.6**	**108.1**	**98.0**
京津冀地区						
北 京	101.9	101.4	100.7	98.1	104.4	98.5
天 津	102.1	102.1	108.4	97.9	111.1	98.3
河 北	101.7	101.5	115.0	99.9	114.5	98.3
石家庄	101.4	101.6				
唐 山	101.6	101.4				
秦皇岛	101.8	101.2				
邯 郸	101.4	101.4				
邢 台	102.0	101.6				
保 定	102.9	101.8				
张家口	101.9	101.4				
承 德	102.0	101.7				
沧 州	101.9	101.6				
廊 坊	102.7	101.4				
衡 水	101.6	101.6				
长江三角洲地区						
上 海	101.7	103.2	103.5	98.8	108.9	97.7
江 苏	101.7	102.3	104.8	98.1	109.7	98.0
浙 江	102.1	101.9	104.8	98.3	109.6	97.8
珠江三角洲地区						
广 州	102.3	102.7	102.3	98.8		
深 圳	101.4	102.4	101.8	99.3		
珠 海	100.8	101.9	103.2	99.4		
佛 山	101.9	102.3	104.5	99.2		
惠 州	101.8	101.9	104.2	98.3		
东 莞	101.4	102.7	101.7	99.9		
中 山	101.6	101.9	102.5	99.7		
江 门	101.6	102.2	103.5	99.3		
肇 庆	101.6	101.7	105.2	98.9		

7-8　三大经济区域主要城市指标
——从业人员

单位：万人

地　区	从业人员			第一产业		
	2017	2016	增长速度(%)	2017	2016	增长速度(%)
全　国	**77640**	**77603**	**0.05**	**20944**	**21496**	**-2.6**
京津冀地区						
北　京	1246.8	1220.1	2.2	48.8	49.6	-1.6
天　津	894.8	902.4	-0.8	62.7	65.1	-3.7
河　北	4206.7	4224.0	-0.4	1366.9	1380.3	-1.0
长江三角洲地区						
上　海	1372.7	1365.2	0.5	42.4	45.5	-6.6
江　苏	4757.8	4756.2	0.03	799.3	841.9	-5.1
浙　江	3796.0	3760.0	1.0	447.9	466.2	-3.9
珠江三角洲地区						
广　州	862.3	835.3	3.2	62.0	62.1	-0.1
深　圳	943.3	926.4	1.8	1.6	0.1	1390.9
珠　海	112.4	109.6	2.6	6.2	6.2	0.2
佛　山	435.5	438.8	-0.8	21.4	22.1	-3.1
惠　州	289.1	285.6	1.2	49.0	49.4	-0.7
东　莞	660.4	654.0	1.0	5.8	5.9	-1.7
中　山	212.2	213.0	-0.4	10.0	10.0	-0.2
江　门	244.9	244.1	0.4	78.9	79.4	-0.7
肇　庆	221.3	220.3	0.5	106.6	106.5	0.1

7-8 续表

单位：万人

地 区	第二产业			第三产业		
	2017	2016	增长速度(%)	2017	2016	增长速度(%)
全 国	**21824**	**22350**	**-2.4**	**34872**	**33757**	**3.3**
京津冀地区						
北 京	192.8	193.0	-0.1	1005.2	977.5	2.8
天 津	290.9	306.4	-5.1	541.2	530.9	1.9
河 北	1396.6	1439.7	-3.0	1443.2	1403.9	2.8
长江三角洲地区						
上 海	430.5	448.5	-4.0	899.7	871.3	3.3
江 苏	2041.1	2045.2	-0.2	1917.4	1869.2	2.6
浙 江	1754.6	1782.2	-1.6	1593.5	1511.5	5.4
珠江三角洲地区						
广 州	286.6	288.1	-0.5	513.7	485.1	5.9
深 圳	419.3	418.5	0.2	522.4	507.8	2.9
珠 海	54.8	54.7	0.1	51.4	48.7	5.6
佛 山	247.0	252.1	-2.0	167.1	164.7	1.5
惠 州	144.0	142.7	0.9	96.1	93.5	2.8
东 莞	450.8	446.3	1.0	203.8	201.8	1.0
中 山	138.1	140.8	-1.9	64.1	62.3	2.9
江 门	97.1	96.0	1.2	68.9	68.7	0.3
肇 庆	57.0	56.8	0.4	57.7	57.0	1.1

7-9 三大经济区域主要城市指标
——职工工资与居民收入

地区	城镇单位在岗职工年末人数(万人)			城镇单位在岗职工平均工资(元)		
	2017	2016	增长速度(%)	2017	2016	增长速度(%)
全　国	**17643.8**	**17888.1**	**-1.4**	**76121**	**68993**	**10.3**
京津冀地区						
北　京	756.4	733.5	3.1	134994	122749	10.0
天　津	230.8	270.3	-14.6	100506	87806	14.5
河　北	498.4	595.6	-16.3	65266	56987	14.5
石家庄	87.3	95.1	-8.2	68632	60566	13.3
唐　山	71.4	83.3	-14.3	66843	59623	12.1
秦皇岛	26.7	30.4	-12.0	70753	61988	14.1
邯　郸	54.5	70.4	-22.6	58917	50847	15.9
邢　台	33.0	42.4	-22.2	59431	50205	18.4
保　定	71.8	92.6	-22.4	63835	54279	17.6
张家口	29.7	34.6	-14.4	62338	52277	19.2
承　德	23.3	26.8	-13.1	60270	53449	12.8
沧　州	39.8	47.5	-16.2	66984	58122	15.2
廊　坊	39.2	45.0	-13.0	77665	71352	8.8
衡　水	21.7	27.5	-20.9	58014	50134	15.7
长江三角洲地区						
上　海	—	627.8	—	13765	120503	8.5
江　苏	1394.6	1410.7	-1.1	79741	72684	9.7
浙　江	993.5	1003.1	-1.0	80750	73326	10.1
珠江三角洲地区						
广　州	316.4	311.5	1.6	98612	89096	10.7
深　圳	447.3	442.6	1.1	100173	89757	11.6
珠　海	72.6	69.9	3.9	81014	74931	8.1
佛　山	162.3	169.3	-4.1	72712	67187	8.2
惠　州	95.0	92.7	2.4	70890	64766	9.5
东　莞	237.2	226.9	4.5	61619	57649	6.9
中　山	75.2	78.3	-4.0	68034	64790	5.0
江　门	53.6	56.2	-4.6	66107	61366	7.7
肇　庆	37.9	40.8	-7.1	65227	59591	9.5

注：本表中全国数据口径为城镇非私营单位就业人员口径，其他省市为城镇非私营单位在岗职工数据口径。

7-9 续表

地 区	城镇居民人均可支配收入(元)			农村居民人均可支配收入(元)		
	2017	2016	增长速度(%)	2017	2016	增长速度(%)
全 国	**36396**	**33616**	**8.3**	**13432**	**12363**	**8.6**
京津冀地区						
北 京	62406	57275	9.0	24240	22310	8.7
天 津	40278	37110	8.5	21754	20076	8.4
河 北	30548	28249	8.1	12881	11919	8.1
石家庄	32929	30459	8.1	13345	12345	8.1
唐 山	36415	33725	8.0	16229	15023	8.0
秦皇岛	32795	30348	8.1	12563	11621	8.1
邯 郸	28774	26603	8.2	13151	12153	8.2
邢 台	26179	23913	9.5	10999	10006	9.9
保 定	27859	25680	8.5	12779	11612	10.0
张家口	28512	26069	9.4	10293	9241	11.4
承 德	27042	24856	8.8	9682	8736	10.8
沧 州	31044	28605	8.5	12363	11340	9.0
廊 坊	37474	34633	8.2	15487	14286	8.4
衡 水	26195	23787	10.1	11194	10069	11.2
长江三角洲地区						
上 海	62596	57692	8.5	27825	25520	9.0
江 苏	43622	40152	8.6	19158	17606	8.8
浙 江	51261	47237	8.5	24956	22866	9.1
珠江三角洲地区						
广 州	55400	50941	8.8	23484	21449	9.5
深 圳	52938	48695	8.7			
珠 海	46826	42537	10.1	23496	22889	2.7
佛 山	46849	43120	8.6	26390	24159	9.2
惠 州	36608	33213	10.2	19284	17603	9.6
东 莞	46739	43096	8.5	29078	26526	9.6
中 山	45295	41613	8.8	30012	27529	9.0
江 门	32478	29557	9.9	16473	15226	8.2
肇 庆	28276	25907	9.1	16431	15115	8.7

2018

北京区域统计年鉴

第八章

BEIJING AREA
STATISTICAL YEARBOOK

北京与全国对比

简要说明

一、本章资料的主要内容

本章资料主要反映北京与全国主要指标数据对比和北京各项指标占全国比重情况，内容涵盖了产业发展、财政、金融、旅游、对外贸易、人口、就业、收入、教育、婚姻、城市建设等经济社会领域。

二、本章资料的数据来源

本章北京市数据由北京市统计局根据相关资料整理提供，全国数据摘自 2018 年出版的《中国统计年鉴》。

8-1 北京与全国主要指标对比
——经 济

项 目		2017			2016		
		北 京	全 国	北京占全国(%)	北 京	全 国	北京占全国(%)
地区生产总值	(亿元)	28014.9	827121.7	3.4	25669.1	743585.5	3.5
第一产业	(亿元)	120.4	65467.6	0.2	129.8	63672.8	0.2
第二产业	(亿元)	5326.8	334622.6	1.6	4944.4	296547.7	1.7
第三产业	(亿元)	22567.8	427031.5	5.3	20594.9	383365.0	5.4
人均地区生产总值	(元)	128994	59660	—	118198	53935	—
一般公共预算收入	(亿元)	5430.8	91469.4	5.9	5081.3	87239.4	5.8
一般公共预算支出	(亿元)	6824.5	173228.3	3.9	6406.8	160351.4	4.0
全社会固定资产投资	(亿元)	8948.1	641238.4	1.4	8461.7	606465.7	1.4
社会消费品零售总额	(亿元)	11575.4	366261.6	3.2	11005.1	332316.3	3.3
海关出口值	(亿美元)	585.0	22633.7	2.6	520.2	20976.3	2.5
海关进口值	(亿美元)	2652.2	18437.9	14.4	2303.6	15879.3	14.5
外商直接投资项目数	(个)	1309	35652	3.7	1073	27900	3.8
实际利用外商直接投资	(亿美元)	243.3	1310.4	18.6	130.3	1260.0	10.3
入境旅游人数	(万人次)	392.6	13948.2	2.8	416.5	13844.4	3.0
金融机构(含外资)人民币存款余额	(亿元)	137952.1	1641044.0	8.4	132791.9	1505863.8	8.8
#住户存款余额	(亿元)	30377.2	643767.6	4.7	29505.7	597751.1	4.9
金融机构(含外资)人民币贷款余额	(亿元)	63382.5	1201321.0	5.3	56618.9	1066040.1	5.3

注：1. 部分数据取自《北京统计年鉴》、《中国统计年鉴》。
2. 全国一般公共预算收支为全国31个省（市、自治区）合计数。
3. 2015年实施研发支出核算方法改革后，国家统计局对地区生产总值数据进行了调整；2016年按照国家统计局统一部署，实施地区研发支出核算方法改革，北京市对1996年以来的数据进行了调整。

8-2 北京与全国主要指标对比
——社 会

项 目		2017			2016		
		北 京	全 国	北京占全国(%)	北 京	全 国	北京占全国(%)
年底人口数(年末常住人口)	(万人)	2170.7	139008	1.6	2172.9	138271	1.6
城镇人口	(万人)	1876.6	81347	2.3	1879.6	79298	2.4
乡村人口	(万人)	294.1	57661	0.5	293.3	58973	0.5
从业人员	(万人)	1246.8	77640	1.6	1220.1	77603	1.6
城镇居民人均可支配收入	(元)	62406	36396	—	57275	33616	—
农村居民人均可支配收入	(元)	24240	13432	—	22310	12363	—
登记结婚对数	(万对)	15.1	1063.1	1.4	16.6	1142.8	1.5
登记离婚对数	(万对)	8.1	437.4	1.8	10.6	415.8	2.5
普通高等学校本专科在校学生数	(万人)	58.1	2753.6	2.1	58.8	2695.8	2.2
普通中学在校学生数	(万人)	43.0	6816.6	0.6	43.1	6696.0	0.6
小学在校学生数	(万人)	87.6	10093.7	0.9	86.8	9913.0	0.9
城市排水管道长度	(万公里)	2.0	63.0	3.1	1.7	57.7	2.9
客运出租小轿车	(万辆)	6.8	110.3	6.2	6.8	110.3	6.2

注：表中普通中学在校学生数范围为普通高中和普通初中。

2018

北京区域统计年鉴

附 录

BEIJING AREA

STATISTICAL YEARBOOK

指标解释

附录：指标解释

（一）法人情况

法人单位　指有权拥有资产、承担负债，并独立从事社会经济活动（或与其他单位进行交易）的组织。法人单位应同时具备以下条件：（1）依法成立，有自己的名称、组织机构和场所，能够独立承担民事责任；（2）独立拥有（或授权使用）资产或者经费，承担负债，有权与其他单位签订合同；（3）具有包括资产负债表在内的账户，或者能够根据需要编制账户。

单产业法人　指仅包含一个产业活动单位的法人单位，该法人单位同时也是一个产业活动单位。

多产业法人　指由两个及以上产业活动单位组成的法人单位，这些产业活动单位接受法人单位的管理和控制。

（二）人口和就业

户籍人口　指公民依照《中华人民共和国户口登记条例》已在其经常居住地的公安户籍管理机关登记了常住户口的人。

常住人口　指在某地区实际居住半年以上的人口。

常住外来人口　指不具有本市户籍户口，来自北京市行政区划以外的省、自治区、直辖市，且在京居住半年以上的人口。

从业人员　指在各级国家机关、党政机关、社会团体及企业、事业单位中工作，取得工资或其他形式的劳动报酬的全部人员，包括在岗职工、聘用的离退休人员，在单位中工作的港澳台及外籍人员、兼职人员、借用的外单位人员和第二职业者，不包括本单位的不在岗职工。

在岗职工　指在本单位工作并由单位支付工资的人员，以及有工作岗位，但由于学习、病伤产假（6个月以内）等原因暂未工作，仍由单位支付工资的人员。

在岗职工工资总额　与“在岗职工”指标相对应，根据1990年1月1日的国家统计局令（一号）修订，指单位在报告期内直接支付给本单位在岗职工的劳动报酬总额，包括基础工资、职务工资、级别工资、工龄工资、计件工资、奖金、各种津贴和补贴、交通补贴、洗理费、书报费、旅游费、过节费、伙食补助、住房补贴、住房提租补贴、由单位从个人工资中直接为其代扣或代缴的个人所得税、房水电费、住房公积金、社会保险基金个人缴纳部分等。

在岗职工平均工资　指企业、事业、机关等单位的在岗职工在一定时期内的人均劳动报酬，它表明一定时期在岗职工工资收入的高低程度，是反映在岗职工工资水平的主要指标。

（三）国民经济核算

地区生产总值　指按市场价格计算的地区生产总值的简称，它是一个地区所有常住单位在一定时期内生产活动的最终成果。地区生产总值有三种表现形式：价值形态、收入形态和产品形态。从价值形态看，它是所有常住单位在一定时期内所生产的全部货物和服务价值与同期投入的全部非固定资产货物和服务价值的差额，即所有常住单位的增加值之和；从收入形态看，它是所有常住单位在一定时期内创造的各项收入之和，包括劳动者报酬、生产税净额、固定资产折旧和营业盈余；从产品形态看，它是所有常住单位在一定时期内最终使用的货物和服务价值与货物和服务净出口价值之和。在实际核算中，地区生产总值有三种计算方法，即生产法、收入法和支出法。三种方法分别从不同的方面反映地区生产总值及其构成。

三次产业 根据社会生产活动历史发展的顺序对产业结构的划分，产品直接取自自然界的部门称为第一产业，对初级产品进行再加工的部门称为第二产业，为生产和消费提供各种服务的部门称为第三产业。这是世界上通用的产业结构分类，但各国的划分不尽一致。我国 2011 年版国民经济行业分类标准：

第一产业：农、林、牧、渔业（不含农、林、牧、渔服务业）。

第二产业：采矿业（不含开采辅助活动），制造业（不含金属制品、机械和设备修理业），电力、热力、燃气及水生产和供应业，建筑业。

第三产业：除第一产业、第二产业以外的其他行业。

（四）财政和税收

一般公共预算收入 通过一定的形式和程序，由各级财政部门组织并纳入预算管理的各项收入。

税收收入 包括增值税、营业税、企业所得税、个人所得税、资源税、城市维护建设税、房产税、印花税、城镇土地使用税、土地增值税、车船税、耕地占用税、契税等。

一般公共预算支出 指各级财政部门对集中的一般预算收入有计划地分配和使用而安排的支出。

一般公共服务支出 指政府提供基本公共管理与服务的支出，包括人大事务、政协事务、政府办公厅（室）及相关机构事务、发展与改革事务、统计信息事务、财政事务、税收事务、审计事务、海关事务、人力资源事务、纪检监察事务、人口与计划生育事务、 商贸事务、知识产权事务、工商行政管理事务、国土资源事务、 海洋管理事务、 测绘事务、地震事务、气象事务、民族事务、宗教事务、港澳台侨事务、档案事务、共产党事务、民主党派事务及工商联事务、群众团体事务、彩票事务等。

教育支出 指政府教育事务支出，包括教育行政管理、学前教育、小学教育、初中教育、普通高中教育、普通高等教育、初等职业教育、中专教育、技校教育、职业高中教育、高等职业教育、广播电视教育、留学生教育、特殊教育、干部继续教育、教育机关服务等。

科学技术支出 指用于科学技术方面的支出，包括科学技术管理事务、基础研究、应用研究、技术研究与开发、科技条件与服务、社会科学、科学技术普及、科技交流与合作等。

社会保障和就业支出 指政府在社会保障与就业方面的支出，包括社会保障和就业管理事务、民政管理事务、财政对社会保险基金的补助、补充全国社会保障基金、行政事业单位离退休、企业改革补助、就业补助、抚恤、退役安置、社会福利、残疾人事业、城市居民最低生活保障、其他城镇社会救济、农村社会救济、自然灾害生活救助、红十字事务等。

医疗卫生与计划生育支出 指政府医疗卫生与计划生育管理方面的支出。

节能环保支出 指政府环境保护支出，包括环境保护管理事务支出、环境监测与监察支出、污染治理支出、自然生态保护支出、天然林保护工程支出、退耕还林支出、风沙荒漠治理支出、退牧还草支出、已垦草原退耕还草、能源节约利用、污染减排、可再生能源和资源综合利用等支出。

交通运输支出 指政府交通运输和邮政业方面的支出，包括公路运输支出、水路运输支出、铁路运输支出、民用航空运输支出、邮政业支出等。

城乡社区事务支出 指政府城乡社区事务支出，包括城乡社区管理事务支出、城乡社区规划与管理支出、城乡社区公共设施支出、城乡社区住宅支出、城乡社区环境卫生支出、建设市场管理与监督支出等。

农林水事务支出 指政府农林水事务支出，包括农业支出、林业支出、水利支出、扶贫支出、农业综合开发支出等。

税费收入 指由各级地方税务局征缴的各项税收收入和罚没收入，包括企业所得税、个人所得税、资源税、房产税、契税、城市维护建设税等。

（五）投资和建筑业

固定资产投资额 指以货币形式表现的在一定时期内建造和购置固定资产的工作量以及与此有关的费用的总称。

房地产开发投资 指从本年1月1日起至本年最后一天止完成的全部用于房屋建设工程和土地开发工程的投资额，以及公益性建筑和土地购置费等投资。

房屋施工面积 指报告期内施工的全部房屋建筑面积。包括本期新开工的面积和上年开工跨入本期继续施工房屋面积，以及上期已停建在本期恢复施工的房屋面积。本期竣工和本期施工后又停建、缓建的房屋面积仍包括在施工面积中，多层建筑应填各层建筑面积之和。

房屋竣工面积 指报告期内房屋建筑按照设计要求已全部完工，达到住人和使用条件，经验收鉴定合格（或达到竣工验收标准），可正式移交使用的各栋房屋建筑面积的总和。

建筑业总产值 以货币表现的建筑业企业在一定时期内生产的建筑产品和服务的总和，包括建筑工程产值、安装工程产值、其他产值三部分内容。

年末从业人员 指年末最后一日24小时在本单位工作并取得劳动报酬或收入的期末实有人员数。该指标为时点指标，不包括最后一日当天及以前与单位解除劳动合同关系的人员和建筑业整建制使用的人员。

利润总额 指企业在一定会计期间的经营成果，是生产经营过程中各种收入扣除各种耗费后的盈余，反映企业在报告期内实现的亏盈总额。

（六）能源、环境

能源消费总量 指一定地域（行政或地理区域）内，国民经济各行业和居民家庭在一定时期所消费的各种能源的总和。能源消费总量包括终端能源消费量、能源加工转换损失量、能源运输和管理过程的损失量三部分。

生活垃圾无害化处理量 指报告期内简易处理场和各种垃圾无害化处理场（厂）处理垃圾的总量。垃圾简易处理量指垃圾简易填埋场所处理的垃圾总量，垃圾无害化处理量指垃圾无害化处理场（厂）所处理的垃圾总量。

生活垃圾无害化处理率 指报告期垃圾无害化处理量与垃圾产生量的比率。在统计时，如果生活垃圾产生量不易取得，可用清运量代替。

污水处理量 指污水处理厂和处理装置实际处理的污水量，包括物理处理量、生物处理量和化学处理量。

（七）农　　业

农林牧渔业总产值　以货币表现的农林牧渔业的全部产品总量和对农林牧渔业生产活动进行的各种支持性服务活动的价值。

农作物播种面积　指实际播种或移植有农作物的面积。凡是实际种植有农作物的面积，不论种植在耕地上还是种植在非耕地上，均包括在农作物播种面积中。在播种季节基本结束后，因遭灾重新改种和补种的农作物面积，也包括在内。

设施农业　指以工厂化生产方式，建造人工设施，改变气候条件，提高农作物抵御自然灾害的能力，改良生物特性，使作物实现错季或反季节生产，达到农作物均衡生产的目的。

农业机械总动力　指主要用于农、林、牧、渔业的各种动力机械的动力总和，包括耕作机械、排灌机械、收获机械、农用运输机械、植物保护机械、牧业机械、渔业机械和其他农用机械[内燃机按引擎马力折成瓦（特）计算，电动机按功率折成瓦（特）计算]。不包括专门用于乡、镇、村、组办工业、基本建设、非农业运输、科学实验和教学等非农业生产方面用的动力机械与作业机械。

农村用电量　指本年度内，扣除在农村中的国有经济工业交通、基建等单位的用电量以后的农村生产和生活的全年用电总量（计量单位千瓦小时，按全年累计数统计），即包括国家电网供电，也包括农村自办电站供电量。

农用化肥施用量　指本年度内实际用于农业生产的化学肥料数量，包括氮肥、磷肥、钾肥和复合肥。施用量要求按折纯量计算数量，即各类化学肥料的实际施用数量按其含氮、五氧化二磷、氧化钾的比例折成百分之百计算。

乡镇及行政村常住户数　指长期（一年以上）居住在乡镇（不包括城关镇）行政管理区域内的住户，还包括居住在城关镇所辖行政村范围内的农村住户。户口不在本地而在本地居住一年及以上的住户也包括在本地农村住户内；有本地户口，但举家外出谋生一年以上的住户，无论是否保留承包耕地都不包括在本地农村住户范围内，不包括乡村地区内的国有经济的机关、团体、学校、企业、事业单位的集体户。

乡镇及行政村常住人口　指乡村地区常住居民户数中的常住人口数，即经常在家或在家居住6个月以上，而且经济和生活与本户连成一体的人口。外出从业人员在外居住时间虽然在6个月以上，但收入主要带回家中，经济与本户连为一体，仍视为家庭常住人口；在家居住，生活和本户连成一体的国家职工、退休人员也为家庭常住人口。但是现役军人、中专及以上（走读生除外）的在校学生、常年在外（不包括探亲、看病等）且已有稳定的职业与居住场所的外出从业人员，不应当作家庭常住人口。

乡镇及行政村从业人员　指全部乡镇及行政村人口中16岁以上实际参加生产经营活动并取得实物或货币收入的人员，既包括劳动年龄内经常参加劳动的人员，也包括超过劳动年龄但经常参加劳动的人员，但不包括户口在家的在外学生、现役军人和丧失劳动能力的人，也不包括待业人员和家务劳动者。从业人员按从事主业时间最长（时间相同按收入）分为农业从业人员，工业从业人员，建筑业从业人员，交通运输仓储及邮政业从业人员，信息传输、计算机服务和软件业，批发与零售业从业人员，住宿和餐饮业从业人员及其他从业人员。

（八）工　　业

工业总产值　指工业企业在报告期内生产的以货币形式表现的工业最终产品和提供工业劳务活动的总价值量，包括在本企业内不再进行加工，经检验、包装入库（规定不需包装的产品除外）的成品价值，对外加工费收入，自制半成品、在制品期末期初差额价值。工业总产值采用“工厂法”计算，即以工业企业作为一个整体，按企业生产活动的最终成果来计算。

轻工业 指主要提供生活消费品和制作手工工具的工业。按其所使用的原料不同，可分为两大类：（1）以农业为原料的轻工业，是指直接或间接以农产品为基本原料的轻工业，主要包括食品制造、饮料制造、烟草加工、纺织、缝纫、皮革和毛皮制作、造纸以及印刷等工业。（2）以非农产品为原料的轻工业，是指以工业品为原料的轻工业，主要包括文教体育用品、化学药品制造、合成纤维制造、日用化学制品、日用玻璃制品、日用金属制品、手工工具制造、医疗器械制造、文化和办公用机械制造等工业。

重工业 指为国民经济各部门提供物质技术基础的主要生产资料的工业，按其生产性质和产品用途，可以分为下列三类：（1）采掘（伐）工业。指对自然资源的开采，包括石油开采、煤炭开采、金属矿开采、非金属矿开采和木材采伐等工业。（2）原材料工业。指向国民经济各部门提供基本材料、动力和燃料的工业，包括金属冶炼及加工、炼焦及焦炭化学、化工原料、水泥、人造板以及电力、石油和煤炭加工等工业。（3）加工工业。指对工业原材料进行再加工制造的工业，包括装备国民经济各部门的机械设备制造工业、金属结构、水泥制品等工业，以及为农业提供的生产资料如化肥、农药等工业。

工业销售产值 以货币形式表现的，工业企业在报告期内销售的本企业生产的工业产品或提供工业性劳务价值的总价值量。包括企业在报告期内实际销售（包括本期生产和非本期生产）的全部成品、半成品的总价值，报告期内完成的对外承接的工业品加工的加工费收入，对外工业品修理作业可获取的加工费收入和对内非工业部门提供的加工修理、设备安装等收入。已销售的成品、半成品不论是本期生产的，还是非本期生产的，只要是本期销售出去的均包括在内。企业为本单位基本建设部门、生活福利部门等提供的产品和工业性作业及自制设备也应视同销售，这部分也应作为销售统计。

资产总计 指企业过去的交易或者事项形成的、由企业拥有或者控制的、预期会给企业带来经济利益的资源。资产一般按流动性分为流动资产和非流动资产，其中流动资产可分为货币资金、交易性金融资产、应收票据、应收账款、预付款项、其他应收款、存货等；非流动资产可分为长期股权投资、固定资产、无形资产及其他非流动资产等。

负债合计 指企业过去的交易或者事项形成的、预期会导致经济利益流出企业的现时义务。负债一般按偿还期长短分为流动负债和非流动负债。

所有者权益合计 指企业资产扣除负债后由所有者享有的剩余权益。公司的所有者权益又称股东权益。包括实收资本、资本公积、盈余公积、未分配利润等。

主营业务收入 指企业确认的销售商品、提供劳务等主营业务的收入。

利润总额 指企业在一定会计期间的经营成果，是生产经营过程中各种收入扣除各种耗费后的盈余，反映企业在报告期内实现的亏盈总额。

应交增值税 指企业按税法规定，从事货物销售或提供加工、修理修配劳务等增加货物价值的活动本期应交纳的税金。应交增值税不含期初未抵扣税额。

（九）商　业

社会消费品零售总额 指企业（单位、个体户）通过交易直接售给个人、社会集团非生产、非经营用的实物商品金额，以及提供餐饮服务所取得的收入金额。个人包括城乡居民和入境人员，社会集团包括机关、社会团体、部队、学校、企事业单位、居委会或村委会等。

批发和零售业单位 指在流通环节主要从事商品批发活动和零售活动的单位。

商品购进额 指从本企业（单位）以外的单位和个人购进（包括从国外直接进口）作为转卖或加工后转卖的商品金额（含增值税）。本指标反映批发和零售业从国内外市场上购进商品的总量。

商品销售额 指对本企业以外的单位和个人出售的商品金额（包括售给本单位消费用的商品，含增值税）。本指标反映批发和零售业在国内市场上销售商品以及出口商品的总量。

餐饮业企业 指在一定场所，专门从事对食物进行现场烹饪、调制，并出售给顾客主要供现场消费服务活动的企业。如各种饭馆、中西餐厅、酒馆、茶馆和火车餐车、车站食堂、飞机场餐厅等。

住宿业企业 指有偿为顾客提供临时住宿服务活动的单位，如旅游饭店、宾馆、酒店和旅馆、旅店等。

（十）对外贸易

进出口总值 指实际进、出我国海关并能引起我国境内物质资源增加或减少的进出口货物总金额，包括我国境内法人和其他组织以一般贸易、易货贸易、加工贸易、补偿贸易、寄售代销贸易等方式进出口的货物、租赁期一年及以上的租赁进出口货物、边境小额贸易货物、国际援助物资或捐赠品、保税区和保税仓库进出口货物等的金额合计。进出口总值是观察一个国家在对外贸易方面的总规模。我国规定出口货物按离岸价格统计，进口货物按到岸价格统计。

实际利用外商直接投资额 指批准的合同外资金额的实际执行数，外国投资者根据批准外商投资企业的合同（章程）的规定实际缴付的出资额和企业投资总额内外国投资者以自己的境外自有资金实际直接向企业提供的贷款。

（十一）旅　游

入境旅游者 指来中国（大陆）观光、度假、探亲访友、就医疗养、购物、参加会议或从事经济、文化、体育、宗教活动，且在中国（大陆）的旅游住宿设施内至少停留一夜的外国人、港澳台同胞等游客。入境旅游者不包括以下人员：（1）应邀来华访问的政府部长以上官员及其随行人员；（2）外国驻华使领馆官员、外交人员以及随行的家庭服务人员和受赡养者；（3）常住中国（大陆）一年以上的外国专家、留学生、记者、商务机构人员等；（4）乘坐国际航班过境不需要通过护照检查进入中国（大陆）口岸的中转旅客；（5）边境地区往来的边民；（6）回大陆定居的港澳台同胞；（7）已在中国（大陆）定居的外国人和原已出境又返回在中国（大陆）定居的外国侨民；（8）归国的中国（大陆）出国人员。

（十二）价格指数

居民消费价格指数 指度量消费商品及服务项目价格水平随着时间而变动的相对数，反映一定时期内居民家庭购买的消费品及服务价格水平的变动趋势和变动程度。居民消费价格指数变动率通常被用来作为反映通货膨胀（或紧缩）程度的指标。

工业生产者出厂价格指数 指反映全部工业产品出厂价格总水平变动程度的相对数，包括工业企业售给商业、外贸、物资部门的产品，还包括售给工业和其他部门的生产资料以及直接售给居民的生活消费品。通过工业生产价格指数能观察工业产品出厂价格变动对工业总产值的影响。

工业生产者购进价格指数 指反映全部工业原材料、燃料、动力购进价格总水平变动程度的相对数，用以观察和研究工业企业原材料价格变动对生产的影响，以及企业对原材料涨价的消化能力和承受能力，为制定价格政策提供依据。

（十三）城乡居民收支

可支配收入 指调查户在调查期内获得的、可用于最终消费支出和储蓄的总和，即调查户可以用来自由支配的收入。可支配收入既包括现金，也包括实物收入。按照收入的来源，可支配收入包含四项，分别为：工资性收入、经营净收入、财产净收入和转移净收入。

消费支出 指住户用于满足家庭日常生活消费需要的全部支出，包括用于消费品的支出和用于服务性消费的支出。根据用途不同，消费支出可划分为食品烟酒、衣着、居住、生活用品及服务、交通和通信、教育文化娱乐、医疗保健、其他用品及服务八大类。根据来源不同，消费支出可划分为现金消费支出、实物消费支出（含自产自用、来自单位或雇主、来自政府和其他社会组织）。

（十四）教　　育

毕业生数 指上学年度内，具有学籍的学生学完教学计划规定的全部课程，考试及格，取得毕业证书，实际毕业的学生数。不包括结业生和肄业生数。

招生数 指新学年开始时，按照国家计划实际招收入学的新生数，不包括留级生和复读学生数。

在校学生数 指学年初开学以后，具有学籍的注册学生数。

教职工数 指在学校(机构)工作并由学校(机构)支付工资的教职工人数。教职工数包括校本部教职工、科研机构人员、校办企业职工、其他附设机构人员。

专任教师 指主要从事教育工作的人员，包括临时（一年以内）调去帮助做其他工作的教学人员；不包括调离教学岗位，担任行政领导工作或其他工作的原教学人员；不包括兼任教师和代课教师。

（十五）文化、科技

公共图书馆藏书 指各级文化部门举办的面向社会服务的独立的图书馆（不包括文化馆的图书室，也不包括文化系统以外的图书馆）藏书数量。

专利申请量 指企业在报告年度内向专利行政部门提出专利申请并受理的件数。

专利授权量 指企业在报告年度内获得专利行政部门授权的专利的件数。

（十六）卫生、体育

卫生机构 指从卫生行政部门取得《医疗机构执业许可证》，或从民政、工商行政、机构编制管理部门取得法人单位登记证书，为社会提供医疗保健、疾病控制、卫生监督服务或从事医学科研和医学在职培训等工作的单位。

卫生技术人员 指由卫生机构支付工资的全部固定职工和合同制职工中现任职务为卫生技术工作的专业人员，不包括从事管理工作的人员。

执业医师和注册护士　指领取医师执业证书和注册护士证书的人员，不包括从事管理工作的医师和护士。

体育场地　指专门用于体育训练、比赛和健身活动的，有一定投资的公益性或经营性体育建筑设施，包括必要的附属功能用房。

（十七）社会福利

优抚对象　依照法律和政策的规定，享受国家、社会和群众抚恤优待的人员，包括中国人民解放军（包括中国人民武装警察部队）现役军人、革命伤残人员、复员退伍军人、革命烈士家属、因公牺牲军人家属、病故军人家属、现役军人家属。

社会救助对象总人数　指在报告期末生活在当地规定的最低生活保障线以下的家庭人员及国家规定由民政部门救济的特殊人员和上世纪60年代精简退职老职工救济人员等。

城市居民最低生活保障人数　指报告期末家庭平均收入在当地规定的最低生活保障线以下的城镇居民数，包括“三无”对象、失业人员和在职、下岗、退休人员等。

农村居民最低生活保障人数　指报告期末在建立农村最低生活保障制度的地区，得到当地政府或集体给予最低生活保障的农业人口家庭人数。

参加基本养老保险人数　指报告期末按照国家法律、法规和有关政策规定参加基本养老保险并在社保经办机构已建立缴费记录档案的职工人数，包括中断缴费但未终止养老保险关系的职工人数和参加基本养老保险的离休、退休和退职人员的人数，不包括只登记未建立缴费记录档案的人数。

参加基本医疗保险人数　指报告期末按国家有关规定参加基本医疗保险的人数，包括参加保险的职工人数和退休人员数。

参加失业保险人数　指报告期末按照国家法律、法规和有关政策规定参加了失业保险的城镇企业事业单位的职工及地方政府规定参加失业保险的其他人员的人数；参加失业保险人数为参加失业保险的职工人数。

（十八）开发区

已开发土地面积　指在规划范围内达到“七通一平”标准的，具备进行房屋建筑物施工或出让条件的土地面积。

已供应土地面积　指开发区内通过各种方式获得土地使用权的土地面积，包括出让、划拨、租赁等。

总收入　指企业全年的生产产品销售收入、技术性收入和与本企业产品相关的商品的销售收入、其它收入等各种收入的总和，总收入等于主营业务收入加上其他业务收入。总收入应按不含增值税的价格计算，不包括补贴收入、营业外收入、投资收益。

总投资　指批准的合同（章程）规定的投资总额。

注册资本　指为设立经营企业在工商行政管理机关注册的资本总额。

合同外资金额　指批准的合同（章程）中，外商和港、澳、台商的出资额。

外商实际投资　指按合同规定的外方和港、澳、台方以现金、实物、工业产权及专有技术的计价实缴资本投资额。

出口交货值 指工业企业自营（委托）出口（包括销往香港、澳门、台湾地区）或交给外贸部门出口的产品价值，以及外商来样、来料加工、来件装配和补偿贸易等生产的产品价值。

应缴税金总额 指企业按国家规定应向税务机关缴纳各种税金的总额。主要包括应交增值税、应交所得税、营业税金及附加、管理费用中的税金等。

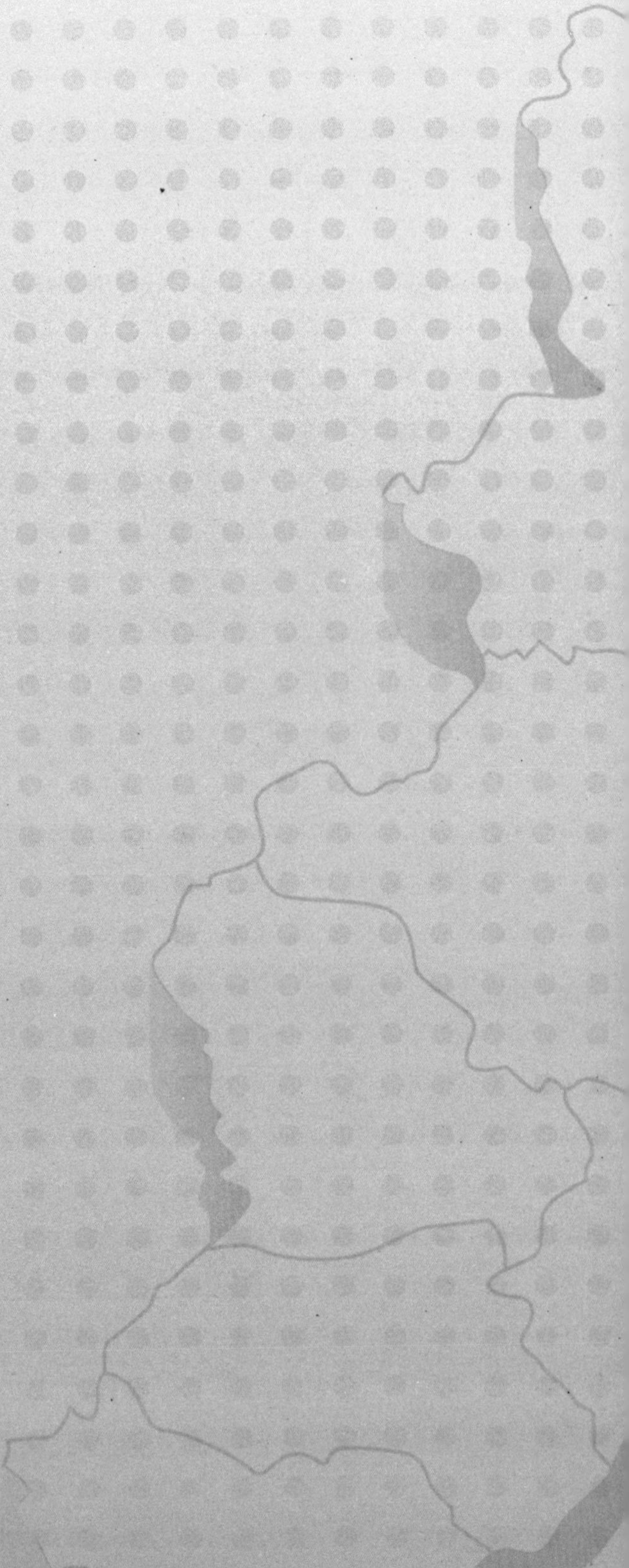